ARKANA

Buch

Lebenskunst ist lernbar. Zuhören, Erinnern und Sein bestimmen die Stufen dieses Lernprozesses, der uns befähigt, den Verstand zu überschreiten und in die Grenzenlosigkeit des Bewusstseins einzutreten. Der bekannte Therapeut und spirituelle Lehrer Kurt Tepperwein fordert den Leser auf, Bewusstsein als Weg des Lebens zu begreifen, der ständig gegangen werden muss. In seinem Buch enthüllt er die Geheimnisse von Intelligenz, Reichtum und vollkommener Gesundheit. Er stellt Meditationsübungen und Sinnestraining vor, die den Fluss des Erlebens steigern, sodass der Mensch schließlich über sich hinauswächst und ins allumfassende kosmische Energiefeld eintaucht.

Autor

Prof. Kurt Tepperwein, geboren 1932 in Lobenstein, war erfolgreicher Unternehmer und lange Jahre Unternehmensberater, ehe er sich 1973 aus dem Wirtschaftsleben zurückzog. Er wurde Heilpraktiker und Forscher auf dem Gebiet der wahren Ursachen von Krankheit und Leid. Seit 1984 ist er Dozent an der Akademie für geistige Wissenschaften. Die Anwendung der von ihm geschaffenen Technik des Mental- und Intuitionstrainings ist heute für viele Menschen unverzichtbarer Bestandteil ihres Lebens. 1997 wurde Tepperwein, dessen Lebens- und Selbsthilfebücher in viele Sprachen übersetzt sind, für sein Lebenswerk mit dem »Ersten deutschen Esoterikpreis« ausgezeichnet.

Bei Goldmann sind von Kurt Tepperwein bereits erschienen:
Die Geistigen Gesetze (21610)
Geistheilung durch sich selbst (11738)
Kraftquelle Mentaltraining (12141)
Der Weg zum Millionär (21551)

KURT TEPPERWEIN

Bewusstseinstraining

Bewusst-Sein
als Weg zur Erfüllung

ARKANA

GOLDMANN

Umwelthinweis:
Alle bedruckten Materialien dieses Taschenbuches
sind chlorfrei und umweltschonend.

Originalausgabe Februar 2001
© 2001 Wilhelm Goldmann Verlag, München,
in der Verlagsgruppe Random House GmbH
Umschlaggestaltung: Design Team München
Umschlagfoto: Klaus Holitzka, White Light Edition, Agentur Holl
Redaktion: Dr. Ingrid Klein
Satz: Uhl + Massopust, Aalen
Druck: Elsnerdruck, Berlin
Verlagsnummer: 21549
WL · Herstellung: Stefan Hansen
Made in Germany
ISBN 3-442-21549-8
www.goldmann-verlag.de

2. Auflage

Inhaltsverzeichnis

Vorwort

Bewusst-Sein ist nicht etwas, das man zehn Minuten oder sechs Stunden täglich praktiziert. Bewusstes SEIN ist ein Zustand des Bewusstseins, ein Weg, den wir ständig gehen sollten. Dieser Weg ist nicht nur natürlich, er ist letztlich der EINZIGE.

Auch im Zeitalter der Raumfahrt ist die Reise zu sich selbst das größte menschliche Abenteuer geblieben. Der Mensch kann mit seinen Sinnesorganen bestenfalls 1 Prozent der bekannten Energiefrequenzen wahrnehmen. Das Abenteuer beginnt, wenn wir anfangen, die restlichen 99 Prozent zu entdecken.

Wir leben im Zeitalter der Evolution des Bewusstseins. Alle Bereiche des menschlichen Lebens verändern sich geradezu dramatisch, und das ist erst der Anfang. Beruf, Schule, Partnerschaft, Gesundheit, vor allem aber der bewusste Umgang mit sich selbst. In naher Zukunft wird Gesundheit selbstverständlich sein, und wirtschaftliche Sorgen werden der Vergangenheit angehören. Aber es werden neue Herausforderungen auf uns zukommen. Uns ist noch gar nicht bewusst, dass wir mit der Atomspaltung ein auf die Freiheit nicht vorbereitetes Bewusstsein freigesetzt haben, das uns allen noch zu schaffen machen wird.

Das gehört zu den Schattenseiten der Menschen, aber es ist kein Grund, den Kopf hängen zu lassen, denn wer sich mit seinem Schatten identifiziert, bleibt am Boden haften und hat es schwer aufzusteigen. Aber Transformation ist nur schmerzhaft, wenn ich Widerstand leiste. Das Geheimnis heißt Hingabe an das Wunder des Augenblicks. Wir können dem Universum vertrauen. Das Ego macht uns nur so lange Schwierigkeiten, bis wir es als Freund und Lehrer anerkennen, als Teil von uns selbst.

Folgen wir dem »Ruf des Schmetterlings« und nicht dem der Raupe, denn die Vergangenheit ist vorbei und kommt nie mehr wieder. Erinnern wir uns wieder an unser wahres Sein, unser Bewusst-SEIN.

Jede Stufe des Bewusstseins entsteht, indem die vorherige Stufe zuerst wirklich erreicht und dann überschritten wird. Sobald das Bewusstsein die nächste Stufe erkennen kann, identifiziert es sich mit dieser und löst die niedere in sich auf. Dabei erhöht sich die Eigenschwingung entsprechend der Stufe des erreichten Bewusstseins, wodurch sich auch die Schwingung des Körpers erhöht.

Indem man seinen Blick auf die »Wirklichkeit hinter dem Schein« richtet, wie beim »Magic Eye«, richtet sich das innere Schauen auf das grenzenlose Potenzial und damit auf das »Werden«. Dabei ändert sich auch die Art des Denkens. Man denkt nicht mehr, sondern ungedachte Gedanken fliegen vorbei, ohne eine Spur zu hinterlassen, wie Vögel am Himmel. Das NICHTS ist also nicht nichts, sondern es ist das Bewusstwerden aller Möglichkeiten, ohne Realität zu manifestieren.

Denken wirkt auf das Bewusstsein wie eine Schlaftablette. Die Ausrichtung des Blicks auf die Wirklichkeit hinter dem Schein lässt Bewusstsein entstehen, indem es Raum dafür schafft.

So entsteht ein körperlicher Auslöser für immer höheres Bewusstsein. Das wahrnehmende Bewusstsein springt auf die nächsthöhere Stufe, während das NICHTS erlebt und als Glückseligkeit spürbar wird.

Das Ganze wird noch gesteigert, indem man den PC-Muskel aktiviert. Dadurch wird das Genie geweckt, man macht seinen Geist geistreicher und steigert seine Meisterschaft im »Tun durch Nichttun«.

Hierbei wird die gewünschte Realität im Bewusstsein gefordert und durch innere Gewissheit manifestiert. Man integriert so seinen eigenen in den universellen Geist und steigert dadurch ständig den Fluss des Lebens, aber auch die Intensität des Erlebens. Es wird bewusst erlebt, der wichtigste Augenblick ist JETZT!

Jesus sagte: Wer sucht, soll nicht aufhören zu suchen, bis er findet; und wenn er findet, wird er erschüttert sein; und wenn er erschüttert worden ist, wird er sich wundern und wird über das All herrschen.

Bewusstseins-Training

Wir alle haben, aber kaum jemand ist bei Bewusstsein. Worauf immer Sie Ihr Bewusstsein richten, das verwirklicht das Leben. Der Grad Ihres Bewusstseins bestimmt Ihre Lebensumstände, Ihre Lebensaufgaben und letztlich Ihr Schicksal. Sie aber bestimmen, in welchem Bewusstsein Sie leben. Es beginnt damit, dass wir unseren Verstand überschreiten und in die Grenzenlosigkeit des Bewusstseins eintreten, nach innen lauschen und wahrnehmen, wer wir wirklich sind. Sobald wir das erkannt haben, wird uns unsere bisherige Persönlichkeit zu klein; wir lassen die Alltags-Persönlichkeit los und fangen an, als der zu leben, der wir wirklich sind. Dadurch erhöht sich unser Bewusstseins-Quotient ständig, und die individuelle Transformation vervielfacht sich.

Auf diesem Weg entdecken wir den inneren Jungbrunnen und das Geheimnis vollkommener Gesundheit. Wir treten ein in die unbegrenzten Möglichkeiten des menschlichen Geistes. Das alles führt zu einer unglaublichen Steigerung der Lebensqualität, und wir erkennen, dass man Lebenskunst lernen kann, und wir zelebrieren das Leben. Wir entwickeln uns stimmig mit dem Lebensfluss und erkennen, wie man Erfüllung in allem finden kann. Sobald wir uns von den Begrenzungen der Persönlichkeit befreit haben, erfahren wir bewusstes »Einverstanden-sein«.

Irgendwann erleben wir dann einen Durchbruch zur befreienden Einsicht – der Erleuchtung. Der Weg vom ICH zum Selbst ist abgeschlossen, und wir leben im »kosmischen Bewusstsein«. Zurückblickend sehen wir, dass Leben in Wirklichkeit heißt, sich mehr und mehr zu erinnern, und in dem Maße, in dem das geschieht, lassen wir unsere Persönlichkeit hinter uns. Nun geht es darum herauszufinden, wie man im höchsten Bewusstsein bleibt, wie man vom Meisterbewusstsein zum »Ebenbild Gottes« wird, so wie wir geschaffen und gemeint sind. Das klingt einfach, ist aber keineswegs leicht: TRITT HERVOR! Was dann kommt, ist das eigentliche Leben, und Sie erkennen, alles bisher war nur Vorbereitung. Das Abenteuer des wahren Lebens kann beginnen.

Die neue Art des Lernens

Die gewohnte Art des Lernens ist: zuhören, auswählen, merken oder aufschreiben, sortieren, bewerten und durcharbeiten, sich alte Denkmuster abgewöhnen und neue Verhaltensmuster angewöhnen, sich allmählich umgewöhnen und letztendlich zu handeln. Dabei wird vieles vergessen, oder wir wissen es zwar, handeln aber nicht danach, bekommen ein schlechtes Gewissen und beginnen irgendwann wieder von vorn.

Die neue Art des Lernens ist einfacher und wirkungsvoller: zuhören, erinnern, SEIN. Lernen findet gar nicht mehr statt. Alles wird sofort Teil des Bewusstseins. Und wenn wir aus dem Bewusstsein leben, oder besser noch als Bewusstsein leben, sind wir immer auf dem letzten Stand. Da gibt es nichts mehr zu lernen oder zu verlernen, nichts ist zu üben, und nichts kann vergessen werden, es »stimmt« einfach.

Der Lernprozess findet nicht mehr im Verstand statt, sondern im Bewusstsein, über alle Sinne, nicht nur über die physischen, und gleichzeitig in ständiger Wahrnehmung der jeweiligen Energie. Das so Gelernte prägt sich nicht nur einem Teil des Verstandes ein, sondern wird Teil unseres Bewusstseins und damit unseres Lebens. Wir lernen schon in der Schule, uns in das »morphogenetische Informationsfeld des Allbewusstseins« einzuschalten und jede gewünschte Information dort abzurufen. Das geschieht nicht über den Verstand, der das gar nicht könnte, sondern über das Bewusstsein, und zwar in Punktzeit. Wir treten ein in die Wahrnehmung, machen uns die gewünschte Information bewusst und haben im selben Augenblick die Antwort oder Lösung. Wir brauchen das so Wahrgenommene nur noch unserem Verstand verständlich zu machen und sind umfassend informiert.

Nur so werden wir in der Lage sein, der Explosion des Wissens zu folgen und mit der sich immer schneller vollziehenden Entwicklung Schritt zu halten. Mit den veralteten bisherigen Lernmethoden ist das nicht möglich. Es ist daher unumgänglich, unseren Verstand zu überschreiten, zu Bewusstsein zu kommen und ständig holistisch und in Punktzeit wahrzunehmen. So wird die eigentliche geistige Intelligenz gefördert, und die Schüler werden fähig, selbstständig ganzheitlich zu denken und zu handeln.

Hindernisse auf dem Weg

Der geistige Weg ist nicht eine »andere Art
zu leben«, es ist der einzige, und früher oder
später muss ich ihn gehen, denn es ist der
Weg zu mir selbst – der Weg nach Haus!

Auf dem geistigen Weg stellen sich uns immer wieder Hindernisse in den Weg, Probleme, Schwierigkeiten, Aufgaben, die wir lösen müssen, bevor wir weitergehen können. Diese Hindernisse sind Chancen, die uns das Leben bietet, eine notwendige Erfahrung zu machen. Eine wichtige Erkenntnis ist, dass ALLE Hindernisse Produkte unseres Bewusstseins sind. So verschieden unser individuelles Bewusstsein ist, so verschieden sind die Schwierigkeiten, die es zu meistern gilt. Das macht jeden Weg einzigartig. Aber auch plötzliche Erfolge, Beförderungen, günstige Zufälle sind Lektionen, die uns vom Weg abbringen können. Je weiter wir gekommen sind, desto subtiler wird getestet, ob wir wirklich in unserer Mitte ruhen.

Manche Lektionen bewältigen wir im Handumdrehen, für andere brauchen wir ein ganzes Leben. Das

Leben prüft immer unseren schwächsten Punkt, denn eine Kette bricht an ihrem schwächsten Glied, gleichgültig, wie stark die übrigen Glieder sind.

Angst ist ein Haupthindernis auf dem Weg. Angst kann uns davon abhalten, den nächsten Schritt zu tun. Oft wünschen wir uns die nächste Aufgabe herbei und haben gleichzeitig Angst davor. Die Transformation zum Selbst ist nun einmal kein Spaziergang und zwingt uns oft, gewohnte Sicherheiten aufzugeben. Es gehört viel Mut dazu, ICH SELBST zu sein. Aber die Hindernisse auf dem Weg entsprechen immer genau meinen derzeitigen Fähigkeiten, und so kann ich in Wirklichkeit nie überfordert werden, auch wenn ich mich vielleicht so fühle. Folge ich aber meinem Gefühl, suche ich vielleicht einen Ausweg: flüchte in Alkohol, Drogen, verdränge die Aufgabe, belüge mich selbst und projiziere das Problem auf meine Mitmenschen. Manche begehen lieber Selbstmord, als sich der Aufgabe des Lebens zu stellen, aber wir können einer notwendigen Lektion nicht entkommen. In der Bibel heißt es: Keiner geht von dannen, ehe der letzte Heller bezahlt ist.

Eine milde Form der Flucht ist spirituelle Trägheit. Trägheit aber ist eine Form der Unfreiheit, ist geistige Gefangenschaft. Damit sind natürlich nicht die Phasen der Ruhe und Entspannung gemeint, die notwendig und sinnvoll sein können.

Es gibt immer einen Grund, stehen zu bleiben. So kommt der Verstand vielleicht mit folgenden Argumenten: Ich mache erst meinen Schulabschluss, dann begebe ich mich auf den geistigen Weg. Ich will erst mein Studium beenden, bevor ich mich auf den Weg mache. Ich muss mir erst wirtschaftliche Unabhängigkeit erarbeiten, dann breche ich auf. Wenn die Kinder aus dem Haus sind, habe ich mehr Zeit. Wenn ich pensioniert bin, bin ich frei. Wenn ich wieder gesund bin, geht es endlich los. Irgendwann ist das Leben vorbei, ohne dass ich mich auf den Weg gemacht habe.

Ein anderes Hindernis ist die spirituelle Gefräßigkeit. Zu viel, zu schnell oder alles auf einmal zu wollen. Die Ungeduld, die uns veranlasst, zwei Wege gleichzeitig zu gehen.

Auch Eitelkeit ist ein ernstes Hindernis. Zum Beispiel zu glauben, schon eine so hohe Stufe des Weges erreicht zu haben, um auf andere herabblicken zu können, oder so weit zu sein, dass ständige Achtsamkeit nicht mehr erforderlich ist. Ohne ständige Achtsamkeit erreichen wir gar nicht erst uns selbst.

Bevor ich die Schwelle zur Meisterschaft übertreten kann, muss ich das Ego an der Garderobe abgeben, denn das ICH kann nicht das Selbst ins Ziel führen. Erst wenn ich die Illusion des ICHS aufgegeben habe, kann ich den letzten Schritt tun. Es geht nicht um mein persönliches Wachstum, meine individuelle Erfüllung, worum es in Wirklichkeit geht, ist das Erwachen des Ganzen.

Wie Globalbewusstsein
entsteht

Der amerikanische Physiker und Psychologe Peter Russell vertritt eine andere Meinung. In seinem Buch »Die erwachende Erde« benennt er eine magische Zahl, die den Evolutionsprozess eines lebendigen Kosmos erfassen soll. Es ist die Zahl 10 hoch 10, also 10 Milliarden. Russell behauptet: Wenn 10 Milliarden Einzelteile zusammenkommen und sich zwischen ihnen genügend viele Verbindungswege anbahnen, dann entsteht eine neue Struktur. Es gibt – das erkannte schon Teilhard de Chardin – einen Evolutionssprung von toter zu lebender Magie, vom Lebendigen zum Bewussten, vom Bewussten zum Göttlichen.

Russell bringt Beispiele. Ein einfacher Einzeller wie das Bakterium Escherichia coli besteht aus vier mal zehn Milliarden Atomen. Das menschliche Gehirn enthält rund zehn Milliarden Nervenzellen. Das sind Fakten. Doch jetzt beginnen die Spekulationen bzw. Prognosen. Die Anzahl der Menschen auf der Erde nähert sich ebenfalls der magischen Zahl. Wird es dadurch ein globales Überbewusstsein geben? Russell geht noch weiter: Nach einigen Berechnungen gibt es in unserer Galaxis rund zehn Milliarden bewohnbare Planeten. Werden sie sich eines Tages zu einem galaktischen Bewusstsein zusammenschließen?

Im bekannten Universum schätzt man die Zahl der Galaxien auf etwa zehn Milliarden. Werden sie dereinst zum kosmischen Superbewusstsein erwachen? Das wäre der Omega-Punkt, die Endzeit der Evolution, das endgültige Erwachen Brahmans.

Ist das Weltall also lebendig? Beweise haben wir keine, nur ein paar höchst spekulative Hinweise oder vielleicht auch einige beunruhigende Erkenntnisse und ungelöste Probleme. Aber wir können die Frage anders stellen: Welche Vorteile bietet eine solche Annahme? Wenn wir von der Brahman-Atman-Hypothese ausgehen, dann heißt dies, dass nichts in der Welt sinnlos oder zufällig ist. Alles strebt einem Ziel zu, und jedes Wesen mit Bewusstsein kann aktiv dazu beitragen, dass dieses Ziel erreicht wird.

Bewusstseins-Meditation

Ich mache es mir ganz bequem. Wenn ich bereit bin, schließe ich meine Augen und gestatte meinem Körper, vollkommen bewegungslos zu sein. Ich mache mir bewusst, wer ich wirklich bin. Ich bin nicht der Körper, ich bin vollkommen, ewiges Bewusstsein. Ich war immer und werde immer sein, denn ICH BIN. Ich bin ein Teil des einen, allumfassenden Bewusstseins. Mein Körper aber ist mein Werkzeug, das mir dient und gehorcht. Und deshalb nehme ich mein Werkzeug Körper ganz liebevoll in Besitz, durchdringe und erfülle meinen Körper bis in die letzte Zelle mit Bewusstsein. Ich bin mir meines ganzen Körpers bewusst.

Nun spüre ich mich in meinem Körper, lasse mein Bewusstsein wachsen, öffne von innen mein Kronen-Chakra, die höchste Stelle meines Kopfes, und lasse mein Bewusstsein frei. Ich trete hervor als der, der ich wirklich bin, ich selbst. Sobald ich über mich hinausgewachsen bin, tauche ich ein in das allumfassende kosmische Energiefeld. Ich schließe mich bewusst an das kosmische Netz an. Von nun an bleibe ich angeschlossen an die EINE KRAFT. Ich bin wieder zurückgekehrt in die Kraft, in die eine Kraft.

Über mein weit geöffnetes Kronen-Chakra lasse ich die eine Kraft in mich einströmen und als Heilkraft wirken. Ich lasse ganz bewusst Heilung in meinem Körper geschehen. Lasse von nun an ständig Heilung geschehen.

Die Leitung ist auf diese Weise ständig frei für die Wahrnehmung von Intuitionen. Es ist der Durchbruch zur befreienden Ein-Sicht, der Weg der ungeteilten Aufmerksamkeit. Ich erkenne dadurch ständig die Wirklichkeit hinter dem Schein, nehme alles auch energetisch wahr. Ich erinnere mich an den Ursprung, und auch die Zukunft ist jetzt jederzeit möglich. Ich bleibe von nun an ständig eingetaucht in das Informationsfeld des Allbewusstseins, lebe in und aus der Information.

So zu Bewusstsein gekommen, erkenne ich: Hier ist keine Persönlichkeit, keine Eigenschaft, sondern reines Sein. Das ursprüngliche Leben kann beginnen. Ich gehe absichtslos und unbeeindruckt durchs Leben, erkenne: Alles, was mir begegnet, ist gleichgültig. Ich habe den Verstand überschritten, lebe multidimensional und erkenne mich als grenzenloses Potenzial, erlebe die Grenzenlosigkeit meines Seins. Ich bin zurückgekehrt ins wahre Leben. Ich bin eingetreten in meine natürliche Vollmacht als Schöpfer und lebe wieder, wie ich von der Schöpfung gemeint bin. Im Meisterbewusstsein gehe ich den Weg des reinen folgenlosen Tuns. Es ist das Leben im TAO, das ganze Universum ist mein Bewusstsein. So lebe ich von nun an in der Geistes-Gegenwart, im kosmischen Bewusstsein und im universellen Denken. Damit habe ich meinen Seinsauftrag erfüllt, erkenne mich wieder als Ebenbild Gottes.

Ich bin endlich wieder zu Bewusstsein gekommen und lebe von nun an als der, der ich wirklich bin. Wohin ich auch komme, wird die Welt lichter und liebevoller durch mein So-Sein. In diesem Bewusstsein erfülle ich von nun an meine Aufgabe und kehre zurück an die Oberfläche des Seins, zurück ins Hier und Jetzt. Wann immer ich bereit bin, öffne ich meine Augen, gestatte meinem Körper, sich wieder frei zu bewegen, bin wieder ganz bewusst im Hier und Jetzt. Ich bin hier als ich selbst.

Der Aufstieg
des Bewusstseins

Aus den bisherigen Ausführungen sollte klar geworden sein, dass sich auf jeder Stufe des Evolutionsprozesses sowohl die Art des Bewusstseins als auch der ihm entsprechende Realitätssinn hauptsächlich durch eine komplizierte Transformation der vorherigen Stufe entwickeln. Jede neu auftauchende Ebene stellt deshalb weniger eine völlige Negation der vorhergehenden dar, noch entstammt sie dieser; vielmehr handelt es sich um eine Transformation (und Transzendierung) derselben.

Obgleich wir bisher nur die Auswärtskrümmung untersucht und noch nichts über die Einwärtskrümmung des revolutionären Kreises gehört haben, müsste meiner Meinung nach schon deutlich geworden sein, dass die Evolution des Bewusstseins – mit anderen Worten: der Aufstieg des Bewusstseins – durch eine Folge bedeutender Aufwärts-Transformationen gekennzeichnet ist, die durch verschiedene Arten von symbolischen Strukturen bewerkstelligt werden. Auf jeder Stufe dieses Aufstieges transformiert eine hierzu geeignete symbolische Struktur – die sich selbst ebenfalls auf der jeweiligen Stufe entwickelt (auftaucht) – den jeweiligen Bewusstseinsmodus in die nächsthöhere. Und, wie wir durchgängig beobachten konnten: Sobald ein solch höherer Nachfolger im Bewusstsein auftaucht, identifiziert sich das Bewusstsein mit diesem, löst sich von der niederen Struktur ab, überwindet diese und kann deshalb fortan auf sie einwirken und sie integrieren. Dies ist der Aufstieg des Bewusstseins, der sich letztlich bis hin zum Atmen fortsetzt (der einzigen von all diesen Stufen, die völlig jenseits aller Symbole und aller Formen liegt – sie werden nicht mehr benötigt und sind für das FORMLOSE letztlich nur ein Hindernis).

Auf der späten ICH-Stufe (von 12–21 Jahren) meistert ein Mensch normalerweise nicht nur seine verschiedenen Personen, sondern er fängt auch an, sich von ihnen zu lösen, sich von ihnen zu ent-identifizieren und sie zu transzendieren. Er integriert alle möglichen Personen in das reife ICH – und dann beginnt er, sich vom ICH zu unterscheiden oder seine Identifikation mit dem ICH aufzulösen, um mittels der Transformation eine höhere Ordnung als die des ICHS zu entdecken. Dies führt uns zum Reich des Zentauren.

Der Einfachheit halber möchte ich den Gesamtbereich des ICHS in drei chronologische Hauptphasen unterteilen: das frühe ICH (von 4–7 Jahren), das mittlere ICH (von 7–12 Jahren) und das späte ICH (vom

12. Lebensjahr bis zum Beginn der Einwärtskrümmung, wenn und falls sie bei einem Individuum einsetzt, was selten vor dem 21. Lebensjahr der Fall ist).

Jeder Aspekt, der vom Bewusstsein als zu bedrohlich empfunden wird, kann an jedem Punkt der ICH-Entwicklung unterdrückt werden. Diese unterdrückten Aspekte nennen wir den »Schatten«, und das auf diese Weise entstehende verfälschte Eigenbild des Menschen bezeichnen wir (mit Jung) als »Persona«. Unserer Auffassung nach repräsentiert der Schatten persönliche Aspekte, die sich ebenso gut im Bereich des Bewusstseins befinden können, sich jedoch aus dynamischen Gründen (die von Freud und Jung beschrieben wurden) nicht dort befinden. Solche Verdrängungen aus dem Bewusstsein können zu jedem Zeitpunkt der ICH-Entwicklung eintreten (obgleich die entscheidenden Entwicklungen während der frühen ICH-Phase stattfinden), weshalb wir gelegentlich sämtliche Phasen der ICH-Entwicklung zusammenfassend als ICH/Persona-Bereich bezeichnen.

Schließlich sehe ich die späte ICH/Persona-Phase (von 12–21 Jahren) als entscheidend für alle Arten von Personen an. Das heißt, der Mensch hat bis zu diesem Zeitpunkt gelernt, verschiedene Personen zu schaffen und sich mit ihnen zu identifizieren. In der späten ICH-Phase jedoch beherrscht er nicht nur seine verschiedenen Personen (Eriksons Stufe der »Identität gegen Rollenkonfusion«), sondern er beginnt, diese zu überwinden, sich von ihnen zu ent-identifizieren. Mit ent-identifizieren meine ich jedoch nicht abspalten oder entfremden; vielmehr benutze ich den Begriff in seinem positivsten Sinne als Loslassen einer exklusiven und restriktiven Identifikation zu Gunsten der Schaffung einer Identifikation höherer Ordnung.

Märchen I:
Froschkönig

Es war einmal eine Königstochter, die ging hinaus in den Wald und setzte sich an einen kühlen Brunnen. Sie hatte eine goldene Kugel, die ihr liebstes Spielwerk war, die warf sie in die Höhe und fing sie wieder auf und hatte ihre Freude daran. Die Seele begibt sich in den Wald, einen Ort der Suche. Leicht kann man sich darin verirren, der richtige Weg muss gefunden werden, und dieser führt die Seele an einen Brunnen, an die Stelle der schöpferischen Quellkraft. Dort spielt sie mit ihrer goldenen Kugel, dem Rund der kosmischen Weisheit. Noch als Kind besitzt die Seele beides: den spielerischen unbewussten Umgang mit dieser Weisheit und die Nähe zum Brunnen, wo ihre schöpferische Kraft entspringt. Doch einmal war die Kugel gar hoch geflogen, die Prinzessin hatte die Hand schon gestreckt und die Finger gekrümmt, um sie wieder zu fangen, da schlug sie an ihr vorbei auf die Erde und rollte und rollte und rollte geradezu ins Wasser. Der Tag kommt, an dem die Seele die kosmische Weisheit nicht mehr zu erfassen vermag, sie versinkt im Brunnen.

Die Königstochter blickte der Kugel erschrocken nach, der Brunnen aber war so tief, dass kein Grund zu sehen war. Da fing sie jämmerlich an zu weinen und zu klagen: Ach, wenn ich meine Kugel wiederhätte, dafür wollte ich alles geben, meine Kleider, meine Edelsteine und meine Perlen.

Die Königstochter weint. Alles Irdische, den äußeren Leib (das Kleid) und alles Materielle (Schmuck) hätte sie gegeben, um die Weisheit wiederzuerlangen, die in die endlose Tiefe ihres Seelenlebens versunken ist. Durch ihren Schmerz wird die Wandlung herbeigeführt. Denn wie sie so klagte, steckte ein Frosch seinen Kopf aus dem Wasser und sprach: Königstochter, was jammerst du so erbärmlich? Ach, sagte sie, du garstiger Frosch, was kannst du mir schon helfen? Meine goldene Kugel ist mir in den Brunnen gefallen! Der Frosch sprach: Deine Perlen, deine Kleider und Edelsteine will ich nicht, aber wenn du mich zu deinem Gesellen annehmen willst, und ich soll neben dir sitzen, von deinem goldenen Teller essen und in deinem Bett schlafen, und du willst mich lieb und wert haben, so will ich dir deine Kugel wiederbringen.

Der Frosch, ein bisher ungekannter Instinkt, steigt auf. Ein Lebewesen, meist im Wasser, dem Gefühlvollen, doch auch auf dem Land, dem »Boden der Tatsachen« beheimatet, bietet ihr seine Hilfe an. Das ICH in Gestalt des Frosches ist aufgetaucht. Zum richtigen

Zeitpunkt hat er mit seinem Gespür für die »Wetterlage« den Weg herausgefunden, um der Seele und sich selbst weiterzuhelfen. Dafür verlangt er nicht etwa die irdischen Güter, nein, er möchte sich gemeinsam mit der Königstochter vom goldenen Teller der Weisheit nähren und in ihrer Nähe sein.

Die Königstochter dachte, was schwätzt der einfältige Frosch, der muss doch in seinem Wasser bleiben, vielleicht kann er mir aber meine Kugel holen, und sie sprach: Ja, meinetwegen, es soll dir alles versprochen sein. Der Frosch steckte den Kopf unter das Wasser und tauchte hinab. Es dauerte nicht lange, so kam er wieder in die Höhe, hatte die Kugel im Maul und warf sie ans Land. Wie die Königstochter ihre Kugel erblickte, lief sie geschwind darauf zu, hob sie auf und war so froh, sie wieder in ihrer Hand zu halten, dass sie an nichts weiter dachte, sondern sofort damit nach Hause eilte. Der Frosch rief ihr nach: Warte, Königstochter, nimm mich mit, wie du versprochen hast! Doch sie hörte nicht darauf.

Die Seele lehnte es ab, sich mit dieser tierischen triebhaften Wesenskraft zusammenzutun, verspricht aber, um der verloren gegangenen kosmischen Weisheit willen, die Wünsche des ICHS zu erfüllen. Am anderen Tag saß die Königstochter an der Tafel, da hörte sie etwas die Marmortreppe heraufkommen. Bald darauf klopfte es an der Tür und rief: Königstochter, jüngste, mach mir auf! Sie lief hin und machte die Tür auf, da war es der Frosch, an den sie schon nicht mehr gedacht hatte. Ganz erschrocken warf sie die Türe zu und setzte sich wieder an die Tafel. Der König aber sah, dass ihr das Herz klopfte, und fragte: Warum fürchtest du dich? Sie sagte: Draußen sitzt ein garstiger Frosch, der hat mir meine goldene Kugel aus dem Wasser geholt. Ich versprach ihm dafür, er solle mein Geselle werden. Ich glaubte aber nie, dass er aus seinem Wasser herauskönnte. Doch nun ist er draußen vor der Tür und will herein!

Indes klopfte es ein zweites Mal und rief: Königstochter, jüngste, mach mir auf. Weißt du nicht, was du gestern zu mir gesagt hast bei dem kühlen Brunnenwasser? Der König sagte: Was du versprochen hast, musst du auch halten, geh und mach dem Frosch die Tür auf! Sie gehorchte, und der Frosch hüpfte hinein und folgte ihr auf dem Fuße bis zu ihrem Stuhl.

Das Geistige, der König, muss hier eingreifen. Er muss die Seele bereitmachen zur ICH-Werdung, trotz drohender Schwierigkeiten.

Als sie sich gesetzt hatte, rief der Frosch: Heb mich herauf auf einen Stuhl neben dich! Die Königstochter wollte nicht, aber der König befahl es ihr. Wie der Frosch oben war, sprach er: Nun schieb mir dein goldenes Tellerlein näher, ich will mit dir davon essen. Das musste sie ebenfalls tun.

Das ICH verlangt, auf die seelische Ebene emporgehoben zu werden und sich gemeinsam mit der Seele von der Weisheit zu ernähren. Nachdem er sich satt gegessen hatte, sagte der Frosch: Nun bin ich müde und will schlafen. Bring mich hinauf in dein Kämmerlein und mach dein Bettlein zurecht! Die Königstochter erschrak, als sie dies hörte, sie fürchtete sich vor dem kalten Frosch und getraute sich nicht, ihn anzurühren. Sie fing an zu weinen und wollte durchaus nicht. Da ward der Königsvater zornig und befahl ihr zu tun, was sie versprochen hatte.

Als Letztes verlangt das ICH, mit ins Kämmerlein genommen zu werden, dorthin, wo sich ICH und Seele erkennen und finden müssen – im Herzen!

Sie packte den Frosch mit zwei Fingern, trug ihn hinauf in ihre Kammer und legte sich ins Bett. Doch statt ihn neben sich hinzulegen, warf sie ihn an die Wand. Aber der Frosch fiel nicht tot auf das Bett herunter, sondern als ein schöner junger Prinz. Der war nun ihr lieber Geselle, und sie hielt ihn fest, wie sie versprochen hatte.

Wieder muss der König eingreifen und die Tochter zwingen, den Frosch mit ins Kämmerlein zu nehmen. Das ICH muss erkannt und auf seinen rechtmäßigen Platz neben die Seele gestellt werden, damit das tierisch Triebhafte sich verwandeln kann vom Gesellen zum Gemahl. Die Hochzeit steht bevor.

Wie Märchen entstanden sind

Als in grauer Vorzeit die Weisen erkannten, dass eine
Zeit nahte, in der sich das Bewusstsein der Menschen
verdunkeln würde, da suchten sie einen Weg, die Weisheit zu erhalten. Sie überlegten lange, und dann wuss-
ten sie, was zu tun war. Sie gingen durch das Land und
erzählten allen Müttern schöne Geschichten, in denen
ein Stück Weisheit verborgen war, mit der Bitte, diese
Geschichten ihren Kindern und deren Kindern zu er-
zählen.

Die Zeit der Dunkelheit kam, aber die Mütter erzählten ihren Kindern immer wieder diese Geschichten, die ihnen die Weisen erzählt hatten, und nannten
sie Märchen. Als die Kinder groß waren, erzählten
auch sie ihren Kindern diese Märchen, so wie ihre
Mutter das einst getan hatte, und die Kinder erzählten
sei wieder ihren Kindern.

Es dauerte lange, sehr lange, bis die geistige Dunkelheit wich und das Bewusstsein der Menschen wieder
zu erwachen begann. Doch eines Tages war es so weit.
Ein Mensch mit einem erwachten Bewusstsein erinnerte sich an seine Mutter und die Märchen, die sie ihm
damals erzählt hatte, und erkannte die Weisheit darin.
Nach und nach erinnerte er sich so an alle Märchen seiner Kindheit und fand in jedem Marchen ein Stück

Weisheit. Er erzählte auch anderen davon, und einer nach dem anderen erwachte wieder zu sich selbst, erinnerte sich an die Weisheit und trat so sein geistiges Erbe an. Es wird noch lange dauern, bis alle Menschen wieder in der Weisheit leben, aber es ist nicht mehr aufzuhalten. So wurde die Weisheit in den Herzen der Kinder bewahrt, und da auch Sie ein Kind waren, liegt sie ebenfalls in Ihrem Herzen und wartet darauf, erkannt zu werden.

Dornröschen	– Evolution
Gold- und Pechmarie	– Karma-Gesetz
Hans im Glück	– Einweihungsweg zur Vollkommenheit
Hänsel und Gretel	– Falsche und richtige Liebe
Aschenputtel	– Der Weg der Seele zurück nach Hause

ICH BIN –
geschehen lassen

Die Erkenntnis ICH BIN ist das Fundament des Bewusstseins. Ganz präsent zu sein und doch nicht da. Da ist kein Körper, kein Gemüt, kein Gedanke, nur Wahrnehmung. Das ICH BIN geschieht. Indem ich meine Identität loslasse, werde ich nicht weniger, sondern mehr.

Sobald ich aber dem Ich etwas hinzufüge, zum Beispiel, ich bin müde, klug, geduldig/wütend, gerate ich in eine falsche Identifikation. Sobald ich dem ICH BIN etwas hinzufüge, begrenze ich die Vollkommenheit dessen, was ist.

Lasse ich das ICH BIN in mir wirken, werde ich immer weiter, umfassender und letztlich allumfassend. Genau genommen werde ich es nicht, ich erkenne nur mehr und mehr, dass es so ist, erkenne die Grenzenlosigkeit meines Seins. Das ICH BIN, die ewige Gegenwart, ist der Urgrund meines und allen Seins. Es ist ständig da und wartet darauf, erkannt zu werden – gelebt zu werden. Es ist die einzige Wirklichkeit, alles andere ist nur ein Ausdruck der Wirklichkeit.

Wenn Sie tun, was Sie sagen – sagen, was Sie denken – denken, was Sie fühlen – dann fühlen Sie, wer Sie sind.

Mysterien
des dritten Auges

Das dritte Auge ist nicht wirklich Teil des physischen Körpers. Es ist Teil des zweiten Körpers, des verborgenen, des subtilen Körpers, des Sukshma Sharir. Es hat eine entsprechende Stelle im physischen Körper, ist aber kein realer Körperteil. Deshalb können die Physiologen nicht glauben, dass es so etwas wie ein drittes Auge gibt, denn der Schädel kann analysiert, durchdrungen, geröntgt werden, aber es gibt keine Stelle, keine physische Einheit, die als drittes Auge bezeichnet werden könnte.

Mit dem dritten Auge beginnen Sie, Auren wahrzunehmen. Ein Mensch kommt auf Sie zu; er kann nicht täuschen, denn was immer er sagt, ist bedeutungslos, wenn es nicht mit seiner Aura übereinstimmt. Er kann sagen, dass er niemals wütend wird, aber die rote Aura wird zeigen, dass er voller Wut ist. Er kann, soweit es seine Aura betrifft, nichts vortäuschen, denn er ist sich ihrer überhaupt nicht bewusst. Was immer er sagt, kann durch seine Aura beurteilt werden, ob er Recht hat oder nicht.

Versuche, mit geschlossenen Augen zu beobachten, und das dritte Auge wird immer aktiver werden. Und die Erfahrungen des dritten Auges sind das Tor zur höheren Spiritualität.

Ich fand heraus, dass man für verschiedene Leute verschiedene Arten und Mengen an Energie anwenden muss, was sehr schwierig zu entscheiden ist. Manchmal fällt einer vollständig in ein Koma. Der Schock ist zu groß. Und manchmal ist die Person so zurückgeblieben, dass gar nichts geschieht.

Wir können uns mit unserer Arbeit identifizieren, mit unserem sozialen Status, mit unserer Religion, Nationalität oder ethnischen Gemeinschaft. Wir können uns sogar mit unserem heimischen Fußballverein identifizieren oder mit unserer Automarke oder der Marke unserer Kleider. Wenn sich das dritte Auge öffnet und unser inneres Sehen immer klarer wird, nimmt diese Tendenz, ein persönliches Selbst durch die Identifikation mit äußeren Dingen aufzubauen, allmählich ab.

Ein Mann, der die Öffnung seines dritten Auges erfährt, erkennt seine innere Weiblichkeit. Alle Aspekte des Nervensystems, die unterdrückt waren, weil er versuchte, seine Männlichkeit zu wahren und seine männliche Persönlichkeit zu entwickeln, werden erweckt und funktionieren rezeptiv. Das sind die weiblichen Aspekte, und meinem Verständnis nach ist das Wesen im männlichen Körper zu 51 Prozent männlich und zu

49 Prozent weiblich. Der Mann wird genauso feminin, wie er maskulin ist, und stimmt sich auf die weibliche Energie ein.

Die Kristallisierung des dritten Auges findet statt, wenn die männliche und die weibliche Energie innen ausgeglichen sind. Und so beginnt ein Mann, der mehr und mehr mit der inneren und äußeren weiblichen Energie in Einklang kommt, alles zu fühlen, was auch eine Frau fühlt. Er versteht sie und kann sich in sie hineinversetzen, psychologisch und emotional, und in einer Beziehung entfaltet sich eine Einheit, wenn die zwei Energien eins werden. Das ist Tantra auf einer höheren Ebene.

Das dritte Auge ist nicht bei jedem an der gleichen Stelle zu finden; es ist bei den meisten Menschen irgendwo oberhalb der Mitte der beiden Augenbrauen. Wenn jemand in früheren Leben lange Zeit meditiert hat und Erfahrung von Samadhi hatte, befindet sich sein drittes Auge weiter unten. Wenn nicht meditiert wurde, ist diese Stelle weiter oben auf der Stirn. Von der Position dieser Stelle aus lässt sich feststellen, wie der Stand Ihrer Meditation im vorigen Leben war; ob jemals der Zustand von Samadhi passiert ist. Wenn das oft der Fall war, wäre der Punkt weiter unten; er wäre auf derselben Höhe wie die Augen – niedriger als bis dahin kann er nicht gehen. Wenn dieser Punkt die Höhe Ihrer Augen erreicht hat, dann kann der geringste Anlass ausreichen, damit Sie in Samadhi eintreten können. Tatsächlich kann dieser Anlass so gering sein, dass er unbedeutend erscheint. Deshalb sind wir oft erstaunt, wenn jemand ohne ersichtlichen Grund in Samadhi einzugehen scheint.

Wenn der erste Schritt das Verschmelzen der männlichen und der weiblichen Energien ist, ist der letzte Schritt die Vereinigung des Menschlichen mit dem Göttlichen.

Wir verwenden viele spezielle Methoden für das Trainieren des dritten Auges, aber wir stellen immer die Verbindung zum Hara-Zentrum oder Todeszentrum her, welches sich gleich unterhalb des Nabels befindet und besonders wichtig in buddhistischen Meditationen und kriegerischen Künsten ist. Dadurch wird eine harmonische Entwicklung gewährleistet. Sonst wird man wie ein Baum mit gut entwickelten Ästen und Blüten, aber ohne Wurzeln. Im Wesentlichen arbeiten wir mit Bewusstheit, die gleichzeitig nach außen und nach innen gerichtet ist, beobachten uns dabei, wie wir uns unser eigenes Theater ansehen. Und mit innen meine ich, immer ins Hara zu schauen, das wahre Zentrum unseres Seins. Aber jedes Mal, wenn man nach innen schaut, wenn man zum Beispiel nur seine Hand spürt, wie sie sich von innen anfühlt, verwendet man das dritte Auge. Und sofort bewegt man sich über den physischen Körper hinaus zum Energiekörper.

Es gibt Meditationstraditionen – beispielsweise im Yoga, wo man versucht, die Energie entlang der Wirbelsäule zum dritten Auge hochzuschicken, aber meiner Erfahrung nach bringt das viele Gefahren mit sich. Die Wurzeln können unterentwickelt bleiben, und die Energien können in den unteren Zentren blockiert sein oder entweichen.

Es gibt auch andere Methoden. Wenn ich den Nachdruck auf Beobachten und Aufmerksamkeit lege ... das ist die feinste Methode, um das dritte Auge zum Funktionieren zu bringen, weil das Beobachten innerlich geschieht.

Betrachten ist das Beste: Schließen Sie die Augen und beobachten Sie. Mit diesem Beobachten öffnet sich Ihr drittes Auge.

In welchem Zusammenhang steht das dritte Auge mit dieser Sehtechnik? In sehr engem Zusammenhang. Diese Technik dient in der Tat der Öffnung des dritten Auges. Wenn Ihre zwei Augen zum Stillstand kommen, wenn sie unbeweglich, statisch, wie versteinert werden, hört die Energie auf, durch sie zu fließen. Die Energie fließt, deshalb bewegen sie sich. Das Vibrieren, die Bewegung entsteht durch die Energie. Wenn die Energie nicht fließt, werden Ihre Augen wie die Augen eines Toten – versteinert, tot.

Auf einen Punkt zu schauen, zu starren, ohne Ihren Augen zu gestatten, woandershin zu sehen, wird sie statisch machen. Plötzlich wird die Energie, die durch die zwei Augen strömte, nicht durch diese Augen fließen. Und die Energie muss sich bewegen; Energie kann nicht statisch sein. Die Augen können statisch sein, aber nicht die Energie. Wenn diese Augen für die Energie verschlossen sind, wenn plötzlich die Tore zu sind und die Energie nicht durch diese Augen fließen kann, versucht sie, einen neuen Weg zu finden. Und das dritte Auge ist gleich daneben, genau zwischen den zwei Augenbrauen, etwa einen Zentimeter entfernt. Es liegt am nächstgelegenen Punkt.

Wenn Ihre Energie von diesen Augen losgelassen wird, wird sie durch das dritte Auge fließen. Es ist wie beim Wasser: Schließt man eine Öffnung, findet es eine andere. Was Ihre physischen Augen betrifft, müssen sie nur verhindern, dass die Energie durch sie fließen kann, dann wird die Energie ihren eigenen Weg finden und durch das dritte Auge fließen.

In alten Tantraschriften heißt es, dass Aufmerksamkeit Nahrung für das dritte Auge ist. Es ist hungrig. Es war viele, viele Leben lang hungrig. Und wenn Sie erst einmal wissen, dass Aufmerksamkeit Nahrung ist, wenn Sie erst einmal fühlen, wie Ihre Aufmerksamkeit magnetisch angezogen wird, von der Drüse selbst angelockt, angesaugt wird, dann ist Aufmerksamkeit keine Schwierigkeit mehr. Man muss nur den richtigen Punkt kennen. Also schließen Sie die Augen, lassen Sie beide einfach zur Mitte wandern und spüren den Punkt. Wenn Sie dem Punkt nahe sind, werden Ihre Augen plötzlich stehen bleiben. Wenn es schwer wird, sie zu bewegen, dann haben Sie den richtigen Punkt gefunden.

Wenn die Aufmerksamkeit zwischen den Augenbrauen ist, werden Sie zum ersten Mal erleben, wie die Gedanken vor Ihnen ablaufen. Es ist wie auf einem Bildschirm: Gedanken laufen ab, und Sie sind Zeuge. Wenn Aufmerksamkeit erst einmal auf das dritte Auge gerichtet ist, werden Sie unmittelbar zum Zeugen der Gedanken.

Diese Technik wird angewandt, um das dritte Auge zu öffnen. Aufmerksamkeit zwischen den Augenbrauen. Schließen Sie die Augen, dann richten Sie die Aufmerksamkeit beider Augen auf die Mitte zwischen beiden Augenbrauen. Genau auf die Mitte, mit geschlossenen Augen, als ob Sie mit beiden Augen schauen würden. Verwenden Sie Ihre gesamte Aufmerksamkeit darauf.

Das ist eine der einfachsten Methoden, um bewusst zu sein. Man kann sich keines anderen Körperteils so leicht bewusst werden. Diese Drüse absorbiert Aufmerksamkeit in einem sehr hohen Maße. Wenn Sie ihr Aufmerksamkeit schenken, werden Ihre Augen vom dritten Auge hypnotisiert. Sie werden fixiert; sie können sich nicht bewegen. Wenn Sie versuchen, Ihre Aufmerksamkeit auf einen anderen Teil Ihres Körpers zu lenken, ist das schwierig. Das dritte Auge nimmt die Aufmerksamkeit gefangen, zwingt sie auf sich. Es zieht Aufmerksamkeit magnetisch an. Daher haben alle Methoden auf der ganzen Welt sich seiner bedient. Es ist das Einfachste, um Aufmerksamkeit zu üben, denn die Drüse selbst hilft Ihnen, sie ist magnetisch. Ihre Aufmerksamkeit richtet sich zwangsläufig auf sie. Sie wird absorbiert.

Das ist eine der ältesten Techniken, die viel verwendet wurde und noch dazu sehr einfach ist. Schließen Sie alle Öffnungen am Kopf – Augen, Ohren, Nase, Mund. Wenn alle Öffnungen Ihres Kopfes geschlossen sind, hält Ihr Bewusstsein, das immer nach außen fließt, plötzlich inne. Und wenn alle sieben Löcher – die sieben Öffnungen des Kopfes – geschlossen sind, kann sich Ihr Bewusstsein nicht nach außen bewegen. Es bleibt innen, und dieses Innehalten schafft einen Raum zwischen den Augen. Dieser Raum ist als das dritte Auge bekannt.

Dieser Raum wird allumfassend. Dieses Sutra sagt, dass in diesem Raum alles enthalten ist, die ganze Existenz ist darin enthalten. Wer den Raum fühlen kann, hat alles gefühlt. Wer einmal diesen Raum zwischen den Augen gefühlt hat, kennt die Existenz in ihrer ganzen Größe, denn dieser innere Raum ist allumfassend. Nichts ist davon ausgeschlossen.

Die Upanishaden sagen: Wer das Eine kennt, kennt

alles. Die beiden Augen können nur das Endliche sehen. Das dritte Auge sieht das Unendliche. Diese beiden Augen können nur das Materielle sehen. Das dritte Auge sieht das Immaterielle, das Spirituelle. Mit diesen beiden Augen kann man niemals Energie fühlen oder sehen: Man kann nur das Stoffliche sehen. Aber mit dem dritten Auge sieht man Energie als solche.

In die Augen schauen, nicht an die Augen.
Schauen Sie hinter die Augen, in den anderen hinein.
Wenn Sie wirklich mit ihm sprechen wollen,
nicht nur zu ihm.

Ich erhebe nun das Zentrum meines Bewusstseins in das dritte Auge, den Mittelpunkt der Stirn, und aktiviere so meine innere Wahrnehmung, erkenne die Wirklichkeit hinter dem Schein.

Nun verlege ich das Zentrum meines Bewusstseins über meinen Kopf und nehme mich und die Welt und das Leben von diesem Punkt außerhalb meines Körpers wahr. Erkenne, ich bin nicht im Körper, sondern der Körper ist in mir.

Ich bin nicht der Körper, nicht der Verstand und nicht mein Gemüt. Ich bin nicht der Name, den ich trage, und nicht die Rolle, die ich spiele. Ich bin der, der denkt und fühlt. Ich bin Bewusstsein. Ich bin ein bewusster Schöpfer aller Lebensumstände. Ich bestimme die Gesundheit meines Körpers, sein Aussehen und seine Vitalität.

Ich bin der, der diesen Körper durchdringt und belebt. Durch mein erwachtes und gerichtetes Bewusstsein kann ich dafür sorgen, dass dieser Körper jung und gesund bleibt, solange ich ihn brauche.

Ich mache mir bewusst, dass ich meinen Körper in jedem Augenblick neu erschaffe. Ich habe die Wahl, das in diesem Augenblick bewusst zu tun. Und so erschaffe ich mir jetzt meinen wahren Körper. Ich erschaffe diesen Körper zunächst in meiner Vorstellung, mit allen Eigenschaften und Kräften und dem Aussehen, das mir entspricht. Dieser Körper ist vollkommen gesund, wie das Selbst, das ICH BIN vollkommen gesund ist. Ich benutze meine Schöpfungskraft, um diesen Körper nun in Erscheinung treten zu lassen.

Ich versetze den so geschaffenen Körper mithilfe meiner Vorstellungskraft jetzt in eine natürliche, gegenwärtige Umgebung. Erlebe meinen neuen Körper in immer neuen Situationen meines derzeitigen Lebens. Ich vergewissere mich, dass er alle Eigenschaften und Fähigkeiten hat, die ich ihm geben wollte, und lasse diesen neuen Körper jetzt lebendig werden.

Sobald ich ganz zufrieden bin mit meinem neuen Körper, nehme ich ihn in Besitz, indem ich in ihn eintrete. Ich lasse ihn so als meinen derzeitigen Körper lebendig werden, indem ich als dieser Körper atme.

Als ICH SELBST bin ich auch eins mit dem Informationsfeld des Allbewusstseins. Jegliche Information steht mir zur Verfügung, und ich erkenne, worauf ich mein Bewusstsein richte. Erkenne die Antwort auf jede Frage, die Lösung jedes Problems. Absolute Fülle umgibt mich an Information, Wissen, Erkenntnis.

Wann immer ich dann eine Frage habe, brauche ich sie mir nur bewusst zu machen, und das Leben antwortet. Und ich erkenne, ich habe alles Wissen der Welt, sogar das noch nicht offenbarte, in mir. Dort wartete es seit ewigen Zeiten darauf, dass ein erwachtes Bewusstsein es wahrnimmt.

Ich bin bereit, mich in das »morphogenetische Informationsfeld des Allbewusstseins« einzuschalten und in ständigem, bewusstem Kontakt mit ihm zu bleiben, indem ich das Scheitelchakra durch eine entsprechende Imagination öffne und mir vorstelle, dass über das offene Chakra das höchste Prinzip, die eine Kraft einströmt und sich als Intuition manifestiert. Ich gestatte ihr, sich ganz zu erfüllen und behutsam mein Denken zu lenken und mein Handeln zu bestimmen, bis ich ganz aus dieser Kraft und Intuition lebe.

Ich bin nur noch der stille und dankbare Beobachter des Seins, erlebe dankbar, was geschieht. Ich kann jederzeit mit meinem Leben und dem Sein in einen

Dialog treten, kann Fragen stellen, um Führung bitten oder um eine Entscheidung, um ein Signal. Je mehr ich mich aber öffne, je mehr ich ICH SELBST bin, desto schneller reagiert das Leben. Bin ich dann ganz ICH SELBST, brauche ich keine Antworten mehr, weil die Fragen verschwinden. Das Urteilen verschwindet und wird zur Wahrnehmung. Das Gegenteil verschwindet und wird zur Einheit, zum Teil, der das Eine erst ganz sein lässt. Das Äußere ist nur noch ein Spiegel des sonst unsichtbaren Inneren und damit wieder Teil des Ganzen. Und ich erkenne das Ewige in mir und mich als Teil von ihm, als Teil und als Ganzes. Leben ist nur noch »Be-Geisterung« und eine Liebeserklärung an das Sein, reine Freude.

Ich lebe ständig in dem Bewusstsein, dass alles, was ist, zu meinem Besten geschieht. Alles will mir nur dienen und helfen, alles ist für mich da. Und mir kann nichts mehr geschehen, denn ICH BIN, ich war immer und werde immer sein, und keine Macht der Welt kann daran etwas ändern. Ich kann auch nichts mehr verlieren, denn ich besitze nichts mehr. Alles ist eine Leihgabe des Lebens, die mir zur Verfügung steht, solange ich sie brauche. Wird sie mir genommen, ist das nur ein Zeichen dafür, dass ich sie nicht mehr benötige, und so lasse ich sie wieder los, um das in Empfang zu nehmen, was ich jetzt brauche. Und immer ist alles da, das Richtige und zur rechten Zeit.

Ich bin eingebettet in die Geborgenheit des Lebens, und das Leben geschieht durch mich. Ich habe erkannt, dass mein wahres Wesen und die Eine Kraft identisch sind, und lebe und handle aus dieser Einheit.

Ich habe aufgehört zu suchen, denn ich habe mich selbst gefunden und bin damit am Ziel. Ich lasse mich von der Freude führen, erfülle den Augenblick und lebe stimmig in der alles durchdringenden Klarheit. Ich ruhe in meiner Mitte – bin reines Sein. Ich besitze nichts, aber bin alles.

Ich bin der bewusste Denker, nicht der Gedanke.

Ich bin der, der fühlt, nicht mein Gefühl.

Ich bin der bewusste Beobachter meines Lebens.

Ich bin Geist – Bewusstsein – bewusster Geist.

Das Leben »geschieht« durch mich.

Ich lasse das Denken los, lasse es ohne Beachtung geschehen, mache mir keine Gedanken über die Gedanken.

Ich sitze auf einem hohen Berggipfel und nehme alles wahr. Ich bin im Einklang mit Körper, Seele und Geist.

Es atmet mich, und über den Rhythmus des Atems bin ich im Einklang mit allem.

Ich nehme wahr, wie die Eine Kraft in jede Zelle meines Körpers strömt und mich ganz erfüllt.

Ich spüre, wie mein ganzer Körper pulsiert im Rhythmus der Schöpfung.

Es lebt durch mich – es handelt durch mich.

Ich öffne die Tore der Wahrnehmung meiner Seele.

Ich erlebe die Unendlichkeit des Geistigen Raumes.

Mein Bewusstsein öffnet sich ganz weit – ganz weit, ich werde immer weiter – weiter – grenzenlos – allumfassend.

Höchstes Bewusstsein strömt über mein Scheitelchakra in mich ein.

Es lenkt behutsam mein Denken und bestimmt mein Handeln.

Es erfüllt mein ganzes Sein.

Ich bin eins mit dem Höchsten Bewusstsein, bin eins mit dem Höchsten – ICH BIN.

Das ganze Universum ist mein Körper.
Ich bin ALLES.
ICH BIN wieder ganz bewusst, der ICH BIN
ICH BIN!

Ich bin bereit, als bewusster Schöpfer die Schöpfung mitzugestalten. Von nun an bestimme ich nicht nur mein Schicksal, sondern das Schicksal eines immer größeren Teils des Universums, bis ich mich als Ganzes erkannt habe und das Ganze bestimme.

In diesem Bewusstsein gehe ich von nun an durch mein Leben, und wohin ich auch komme, wird die Welt lichter und liebevoller durch mein Sosein. In diesem Bewusstsein kehre ich zurück an die Oberfläche des Seins, zurück ins HIER und JETZT.

Wann immer ich bereit bin, öffne ich meine Augen, gestatte meinem Körper, sich frei zu bewegen, bin ganz im Hier und Jetzt, aber ich bin hier als der, der ich wirklich bin, vollkommenes Bewusstsein.

Loslassen

Jeder Lebenslauf ist anders. Das macht die Beschäftigung damit so interessant, vielseitig, aber auch schwierig. Nur wenig ist festgelegt, und auch das kann man jederzeit ändern. Das Faszinierende ist, dass sich durch JEDES Leben ein roter Faden zieht, den es zu erkennen gilt. Dabei stößt man in jedem Leben auf Wiederholungen, als würde das Schicksal bestimmte Umstände immer wieder herbeiführen, weil noch etwas Bestimmtes zu lernen ist. Wer so die Grundzüge seines Lebens erkennt, kann in Zukunft sein Leben bewusster gestalten, kann es wirklich führen und Entscheidungen wirklich »treffen«.

Vor wenigen Jahrzehnten interessierte man sich vor allem für die Biografien außergewöhnlicher Menschen, während die eigene Biografie meist unbeachtet blieb. Betrachtet man aber die eigene Biografie, erkennt man, dass dahinter eine bestimmte Idee steht, eine Absicht und ein bestimmtes Ziel. Erkenne ich die nicht, stimmen meine Entscheidungen nicht, und das Leben wird ständig krisenhaft bleiben. Kaum jemand aber versteht eine Krise als Botschaft und Chance. So hat jedes Leben auch bestimmte Rhythmen, die es zu erkennen gilt. Dazu gehören auch immer wieder »Wartezeiten«, in denen scheinbar nichts Wesentliches geschieht. Dabei zeigt eine Wartezeit nur, das sich am Zug bin und endlich den notwendigen Schritt tue.

Wir sollten uns einmal fragen, WER der Autor unserer Biografie ist. Überlassen wir unsere Biografie dem Zufall? Wenn wir unser Leben Revue passieren lassen, sehen wir schnell, dass die Ereignisse nicht zusammenhanglos und zufällig sind, sondern immer der rote Faden sichtbar wird. Da begegnet man plötzlich einem Menschen, der einen wichtigen Impuls gibt für das eigene Leben. Ein Unfall, eine Erbschaft oder ein Konkurs ändern plötzlich die Lebensumstände. Dahinter steht immer die eigene, meist unbewusste Lebensabsicht. Kenne ich sie und folge ihr, kann ich mir diese Ereignisse ersparen, sie sind nicht mehr notwendig.

Meditation:
Sich selbst wahrnehmen

Über die »Stille Minute« gehe ich in die lichte Innenwelt. Dort sehe ich vor mir einen Spiegel, schaue hinein und sehe mich an. Ich sehe mich selbst, meinen Körper. Wer aber ist das, der diesen Körper anschaut und sagt: Das ist mein Körper? Der das sagt, das bin ich selbst, also bin ich nicht der Körper. Ich bin der, der diesen Körper anschaut, der diesen Körper gebraucht, dem dieser Körper gehört.

Und ich beobachte jetzt meine Gedanken. Es sind meine Gedanken, aber ich bin nicht die Gedanken, ich bin nicht der Verstand, ich bin der, der denkt. Ich bin der Denker. Sobald ich aufhöre zu denken, herrscht Gedankenstille. So gestatte ich jetzt meinen Gedanken, still zu sein – und ICH BIN. Ich erkenne, dass ich bestimme, ob ich denke, was ich denke und wann ich denke.

Nun schaue ich auf meine Gefühle. Wieder erkenne ich, dass auch sie zu mir gehören, aber ich bin nicht meine Gefühle. Ich spüre meine Gefühle, erlebe sie bewusst, aber ich entscheide, welche Gefühle ich zulasse und welche ich verändern möchte. Ich kann meine Gefühle lenken, kann mein Gemüt klären. Ich bin der, der ist.

Nun mache ich mir mein Unterbewusstsein bewusst, indem ich erkenne, dass ich eins habe. Sobald ich meine Aufmerksamkeit darauf lenke, wird mir bewusst, wie viele Prägungen, Verhaltensmuster, Eindrücke, Erfahrungen mein Leben bestimmen. Ich bin der, der entscheidet, wie weit ich mich mit ihnen identifiziere, wie weit ich sie akzeptiere oder umwandle. Ich bin der, der dem Unterbewusstsein ein neues Programm eingeben kann und ein altes ändert oder löscht, aber ich bin weder das Programm noch das Unterbewusstsein, sondern der, der bestimmt, der ist.

Ich schaue erneut auf meinen Körper und erkenne, dass mein Körper krank werden kann, aber nicht mein Bewusstsein. Habe ich eine Disharmonie im Bewusstsein, spiegelt mein Körper das als Krankheit wider. Ich aber bin, werde weder krank noch alt, noch kann ich sterben. Ich bin gesund, stark und vital – ich bin.

Und ich mache mir Stress bewusst und erkenne, dass Stress nur geschehen kann, wenn ich nicht ICH SELBST bin, wenn nicht ich selbst handle, sondern wenn der Verstand zu viel gleichzeitig will und das Gemüt das nicht verkraften kann. Sobald ich in meiner Mitte ruhe und aus dem Sein heraus handle, ist Stress nicht möglich. Also betrachte ich meine Handlungen aus dieser Perspektive. In diesem wahren Selbstbewusstsein erkenne ich, was zu tun ist, und tue das Richtige im richtigen Augenblick. Ich vergleiche es damit, wie ich normalerweise lebe und arbeite, und erkenne, dass diese Art viel mehr Kraft kostet und viel weniger bewirkt. Und nun tue ich die gleichen Dinge mit dem richtigen Selbstbewusstsein, erlebe, wie alles fließt und fast von selbst geschieht. Erkenne, dass ich gar keine Entscheidungen treffen muss, weil klar ist, was wann wie zu tun ist. Erkenne, dass Erfolg geschieht, wenn ich ich selbst bin.

Ich betrachte meine Persönlichkeit und erkenne, dass diese die Summe meiner Prägungen, Programme, Verhaltensmuster und den daraus entstandenen Eigenschaften ist. Aber ich bin nicht meine Persönlichkeit, denn ich kann meine Eigenschaften verändern, kann neue annehmen und überholte löschen. Ich bin der, der entscheidet, ändert und löscht.

Ich betrachte mein Selbstbewusstsein und erkenne, wer sich da seiner selbst bewusst ist. Ist es mein kleines ICH, ist es meine Persönlichkeit, oder bin ich mir wirklich selbst bewusst? Bin ich mir als ICH bewusst, dann handle ich danach. Bin ich mir als Persönlichkeit bewusst, dann habe ich entsprechende Eigenschaften. Nun lasse ich das ICH los, die Persönlichkeit, und spüre, wer ich wirklich bin, und bin, der ich bin. Und bin mir bewusst, dass ich bin, und lebe als ICH SELBST. Erlebe, wie ich meine Zeit einteile, wie ich meinen Tag beginne, wie ich arbeite, aber auch wie ich mir Zeit nehme für Ruhe, Stille, für Meditation und Intuition. Zeit für »Einfälle«. Erkenne, ich habe kein Alter – ich bin, war immer und werde immer sein. Ich bin eigenschaftsloses Sein, und doch ruhen alle Eigenschaften latent in mir und warten darauf, dass ich »zu mir komme«, zu Bewusstsein komme und mein Erbe antrete, als ICH SELBST.

Selbsterkenntnis –
Selbstverwirklichung

Was ärgert mich noch? Warum?

Welche Erwartungen habe ich noch? An wen? Warum?

Wo urteile, bewerte, vergleiche ich noch? Warum?

Wann und wodurch komme ich noch in Stress? Warum?

Was schiebe ich vor mir her? Warum?

Was befürchte ich? Wovor habe ich Angst? Warum?

Wem kann ich was nicht verzeihen? Warum?

Welche Schuldgefühle habe ich? Warum?

Wo und was muss ich noch tun in meinem Leben? Warum?

»Arbeite« ich noch? Warum?

Welche Botschaften bekam/bekomme ich? Warum?

Wen beneide ich um was? Warum?

Welche Ziele habe ich noch in meinem Leben? Warum?

Was will ich noch ändern in meinem Leben? Warum?

Wer bin ich wirklich? Wie bin ich wirklich?

Warum bin ich nicht so, wie ich wirklich bin?

Was fehlt mir noch zur Gelassenheit? Warum?

Was sollte ich in Zukunft besser lassen? Warum?

Was würde mir Freude machen? Was liebe ich?

Welches Leben entspricht mir? Würde mir Erfüllung bringen?

Was ist optimal in meinem Leben? Was nicht? Warum nicht?

Welche Hindernisse/Blockaden sind da? Warum?

Welche Möglichkeiten/Chancen bietet mir mein Leben?

Wieweit erkenne/nutze ich sie?

Was könnte ich jetzt tun?

Wie mache ich es am besten?

Wann bin ich bereit dazu?

Welche Voraussetzungen muss ich noch schaffen? Wie? Wann?

Bin ich bereit, JETZT die Verantwortung für mein Leben zu übernehmen?

Bin ich bereit, aus meinem Leben ein Kunstwerk zu machen, alle Umstände bewusst zu gestalten und mir meinen Wunschtraum JETZT zu verwirklichen?

Bin ich bereit, so zu leben, dass ich mich in mir wohl fühle und Achtung vor mir selbst habe?

Den Rucksack der
Vergangenheit ausziehen

Wenn ich erkenne, dass ich nichts auszuziehen brauche, nichts zu tun brauche, als nur als ICH SELBST zu leben, dann erkenne ich im richtigen Augenblick, was JETZT loszulassen ist. Denn die Dinge, die ich im Rucksack habe, sind dort nicht ohne Grund. Entscheide ich verstandesmäßig, sie jetzt loszulassen, weil es angenehmer ist, nehme ich mir vielleicht eine wichtige Lektion. Vielleicht sind mir diese Dinge als Stolpersteine in den Weg gelegt, um bestimmte Schritte zu tun. Räume ich sie weg, fehlt mir die Orientierung. Lebe ich aber als ICH SELBST, zeigt mir das Leben, WANN was zu tun ist. Nach und nach und ganz von selbst.

Sehr hilfreich kann dabei sein, wenn es gelingt, unerwünschte Gefühle oder Reaktionen allmählich durch Erkenntnis auszulöschen und loszulassen.

Loszulassen ist der Ärger
aus der Erkenntnis, dass Ärgern alles nur noch verschlimmert und die ärgerliche Situation in keiner Weise

verbessert oder auch nur ändert. Aber auch in dem Bewusstsein, dass nichts und niemand auf der Welt die Macht hat, mich zu ärgern, sondern immer nur ich selbst, und natürlich bin ich auch der Einzige, der das jederzeit lassen kann, JETZT!

Loszulassen ist die Angst
aus der Erkenntnis, dass meine Angst mir nur zeigen will, dass ich nicht ICH SELBST bin, dass mein Bewusstsein eng ist und meine Angst nur eine Chance und Aufforderung ist, es zu erweitern und mich daran zu erinnern, dass es nichts gibt, das ich fürchten müsste, weil ich selbst bestimme, was mir widerfährt.

Loszulassen ist der Stress
aus der Erkenntnis, dass Stress nur entstehen kann, wenn ich versuche, in der zur Verfügung stehenden Zeit mehr zu schaffen, als in der Zeit zu schaffen ist. Das geht nicht, also sollte ich es auch nicht versuchen. Sobald ich das Missverständnis zwischen wollen und können beseitige, verschwindet der Stress, ganz von selbst und für immer.

Loszulassen sind die Schuldgefühle
aus der Erkenntnis, dass keiner durch die Schule des Lebens gehen kann, ohne Fehler zu machen, und dass das Dümmste ist, mir deshalb Schuldgefühle zu ma-

chen oder einreden zu lassen. Das Klügste ist, aus meinen Fehlern zu lernen, sie als Chance zu erkennen, mein Verhalten entsprechend zu ändern und es in Zukunft besser zu machen.

Urteile nie

Ein sehr armer, alter Mann lebte in einem Dorf, aber selbst Könige waren neidisch auf ihn, denn er besaß ein wunderschönes weißes Pferd. Ihm wurden phantastische Summen für das Pferd geboten, aber er verkaufte es nie.

Eines Morgens fand er sein Pferd nicht im Stall. Das ganze Dorf versammelte sich, und die Leute sagten: Du dummer alter Mann! Wir haben immer gewusst, dass das Pferd eines Tages gestohlen würde. Es wäre besser gewesen, es zu verkaufen. Welch ein Unglück! Der alte Mann sagte: Geht nicht so weit, das zu sagen. Alles was ist, ist: Das Pferd ist nicht im Stall. Das ist eine Tatsache. Alles andere ist Urteil. Ob es ein Unglück ist oder ein Segen, weiß ich nicht, weil ich nicht weiß, was folgen wird.

Die Leute lachten den Alten aus. Sie hatten schon immer gewusst, dass er ein bisschen verrückt war. Aber nach 15 Tagen kehrte das Pferd zurück. Es war nicht gestohlen worden, sondern in die Wildnis ausgebrochen. Und nicht nur das, es brachte auch noch 12 wilde Pferde mit. Wieder versammelten sich die Leute und sagten: Alter Mann, du hattest Recht, es hat sich tatsächlich als Segen erwiesen. Der alte Mann entgegnete: Wieder geht ihr zu weit. Alles was ist, ist: Das Pferd ist zurück. Ihr lest nur einen einzigen Satz – wie könnt ihr das ganze Buch beurteilen?

Der alte Mann hatte einen einzigen Sohn, der begann die Wildpferde zu trainieren. Schon eine Woche später fiel er vom Pferd und brach sich die Beine. Wieder versammelten sich die Leute und urteilten: Du hattest Recht, es war ein Unglück. Dein einziger Sohn kann nun die Beine nicht mehr gebrauchen, und er war die Stütze deines Alters. Jetzt bist du ärmer als je zuvor. Der Alte antwortete: Ihr seid besessen vom Urteilen. Alles, was ist, ist: Mein Sohn hat sich die Beine gebrochen. Niemand weiß, ob dies ein Unglück ist oder ein Segen. Das Leben kommt in Augenblicken, und mehr bekommt ihr nie zu sehen.

Es ergab sich, dass das Land einen Krieg begann. Alle jungen Männer des Ortes wurden zwangsweise zum Kriegsdienst eingezogen. Nur der Sohn des alten Mannes blieb zurück, weil er gebrochene Beine hatte. Der ganze Ort war vom Wehgeschrei erfüllt, weil dieser Krieg nicht zu gewinnen war und man wusste, dass die meisten jungen Männer nicht nach Hause zurückkehren würden.

Die Leute kamen zum alten Mann und sagten: Du hattest Recht, es hat sich als Segen erwiesen: Der alte Mann antwortete: Ihr hört nicht auf zu urteilen. Alles, was ist, ist: Man hat eure Söhne in die Armee eingezogen, und mein Sohn wurde nicht eingezogen. Nur das Ganze weiß, ob dies ein Segen oder ein Unglück ist. URTEILE NIE!

Loszulassen sind Enttäuschungen
aus der Erkenntnis, dass ich bis dahin in einer Täuschung gelebt habe, und der andere hat gerade diese Täuschung beendet. Im Grunde müsste ich dem anderen dankbar sein, dass er mich auf die Wirklichkeit aufmerksam macht, denn nur wenn ich in der Wirklichkeit lebe, habe ich eine Chance, sie zu ändern und nach meinen Wünschen zu gestalten.

Loszulassen sind Erwartungen
aus der Erkenntnis, dass ich dann nicht mehr zu enttäuschen bin, denn vor jeder Enttäuschung steht immer eine Erwartung. Habe ich keine Erwartungen, kann man mich nicht mehr enttäuschen, aber auch nicht mehr ärgern, beleidigen, verletzen, kränken usw. Sobald ich keine Erwartungen mehr habe, bin ich offen für das Leben, so wie es wirklich ist.

Loszulassen sind Aggressionen

aus der Erkenntnis, dass mein Leben so ist, wie ich es gestalte, und ich es jeden Augenblick ändern kann. Meine Aggressionen aber ändern gar nichts, machen mich nur unbeliebt und mir selbst das Leben schwer. Also mache ich mir bewusst, wogegen ich in Wirklichkeit bin und warum, und ändere mich und mein Leben, bis es mir gefällt.

Loszulassen sind Minderwertigkeitsgefühle

aus der Erkenntnis, dass niemand minderwertig ist, da jeder ein Teil des Einen Bewusstseins ist, ein Teil der Einen Kraft, die alles geschaffen hat, und es steht auch niemand unter mir, wir sind alle gleich, nur unterschiedlich erwacht.

Loszulassen ist meine Vergangenheit

aus der Erkenntnis, dass sie nie mehr wiederkommt. Also lasse ich ab von alten Vorstellungen, Grenzen, Zielen, überholten Programmen, Mustern und Prägungen, negativem Denken und Selbstbild, von der Rolle, die ich spiele, ebenso wie von meiner Erziehung und mich prägenden Normen und Klischees. Ich lasse auch ab vom falschen Beruf und bin endlich frei, ich selbst zu sein.

Loszulassen sind Egoismus, Eitelkeit und Neid,
worum sollte ich denn einen anderen beneiden, wenn
ich selbst alles erreichen kann? Aber auch das Schwarz-
sehen ist eine unnötige seelische Belastung. Wenn Sie
die Sorgen betrachten, die Sie sich gemacht haben, werden Sie feststellen, dass die meisten unbegründet waren.
Seien Sie auf das Schlimmste vorbereitet, aber erwarten
Sie das Beste.

Loszulassen ist die Gewohnheit,
Dinge hinauszuzögern, vor sich her zu schieben. Die
Gewohnheit, vor unangenehmen Situationen davonzu-
laufen, statt sie zu meistern, wenn sie auftauchen. Die
Gewohnheit, zu viel zu reden und zu wenig zuzuhö-
ren, denn man lernt nichts, wenn man selbst redet, aber
man kann immer etwas lernen, wenn man zuhört. Loszulassen ist das Verlangen nach Rache für tatsächliche
oder eingebildete Kränkungen durch andere, aus der
Erkenntnis, dass niemand die Macht hat, Sie wirklich
zu kränken.

Loszulassen ist Selbstmitleid,
denn die Vergangenheit können wir nicht ändern. Da
hilft kein Selbstmitleid, aber die Zukunft gehört uns.
Hier ist noch alles möglich, deshalb sollten wir niemals
unsere Kraft durch Selbstmitleid vergeuden. Schließlich haben wir unser Schicksal selbst verursacht und

sind die Einzigen, die es ändern können, also frisch ans Werk. Wir brauchen unsere ganze Kraft für die bewusste Gestaltung unserer Zukunft.

Selbstmitleid ist auch deswegen überflüssig, da ich die beklagten Umstände jederzeit ändern kann. Mit Selbstmitleid raube ich mir nur Kraft, vertue meine Zeit und belaste meine Gesundheit. Sobald ich auch nur eine Spur von Selbstmitleid bei mir entdecke, erfasse ich es und löse es auf, bevor es mich erfassen kann.

Sich selbst zu bedauern schwächt, man wird wertlos für die Gesellschaft und sich selbst eine Last, außerdem macht man sich unbeliebt mit seiner destruktiven Haltung. Das führt letztlich zu Depressionen.

Loszulassen ist auch die Reue,
denn es gibt keine größere Zeit- und Energieverschwendung als Reue. Sie können Ihr Leben ganz einfach ändern, indem Sie aus jedem: Wenn nur… machen: Das nächste Mal… Das nächste Mal werde ich offen sprechen. Das nächste Mal werde ich meine Chance ergreifen. Machen Sie sich das zur Gewohnheit.

Letztlich lasse ich auch meinen Eigenwillen los, aus der Erkenntnis, dass das Leben ohnehin das Beste für mich will. Lasse los, gefragt werden zu wollen, verstanden werden zu wollen, beachtet und geliebt werden zu wollen, Recht haben zu wollen, mich durchsetzen zu wollen, es besser wissen zu wollen. Lasse los, mehr sein zu wollen als andere, ja sogar ein guter Mensch sein zu wollen. Lasse los, siegen zu wollen, glücklich sein zu wollen, lasse letztlich los, überhaupt zu wollen und bin endlich frei zu sein, wie ich bin.

Was zu tun ist

Ich erkenne, dass jeder Mensch das Recht hat, so zu sein, wie er ist, aufzuwachen, wenn er dazu bereit ist, und genommen zu werden, wie er ist.

Ich erkenne jedes so genannte Problem als meine Aufgabe, die ich JETZT einer Lösung zuführe. Ich weiß, dass ich niemals vom Schicksal überfordert werde, sodass ich JETZT auch alle Fähigkeiten und Kraft und Zeit habe, die ich zur Lösung brauche.

Was ich tue, das tue ich bewusst und ganz, und wenn ich etwas beginne, führe ich es auch weiter, bis zum erfolgreichen Abschluss. Ich bin achtsam und beharrlich.

Ich mache mein eigenes Verhalten nicht mehr vom Verhalten des anderen abhängig, sondern bin so, wie ich sein sollte.

Ich verhalte mich stets so, dass mein Handeln jederzeit als Vorbild dienen oder mein Verhalten zum Gesetz erhoben werden könnte.

Ich denke, ich fühle und handle positiv. Ich erkenne, dass es das so genannte Negative gar nicht gibt, denn alles, was mir widerfährt, habe ich mitbestimmt, und alles will mir helfen weiterzukommen, wenn ich es richtig erkenne und nutze.

Ich erkenne, dass die Vergangenheit nie mehr wiederkommt, wenn ich sie endlich loslasse.

Ich erkenne, dass es keine Schuld gibt und damit auch keinen Grund für Schuldgefühle. Wir alle machen Fehler. Wichtig ist nur, daraus zu lernen. Ein Fehler ist immer nur eine Aufforderung zu einem Lernschritt.

Ich löse alle Bindungen und bin endlich frei.

Ich erkenne, dass ich in jeder Sekunde die Freiheit habe, mein Leben von Grund auf zu ändern. Also beklage ich mich nicht über mein Schicksal, sondern nehme mein Leben selbst in die Hand und gestalte mein Schicksal bewusst.

Ich nutze meine Zeit, indem ich jeden Augenblick nutze. So reihe ich einen erfüllten Augenblick an den anderen, zu einem erfüllten Leben.

Ich nehme mich selbst an, wie ich bin, und sorge dafür, dass ich mehr und mehr so werde, wie ich sein sollte.

Den Sinn
des Lebens erkennen

Ich bin mit einer bestimmten Absicht gekommen. Erfüllung kann ich nur finden, wenn ich meine Lebensaufgabe: ERKENNE – ANNEHME – ERFÜLLE.

Ich erkenne den Sinn meines Lebens, indem ich mich frage:

Auf welchen Platz hat mich das Leben gestellt? Warum?

In welche Zeit bin ich hineingeboren? Warum?

In welchem Land bin ich geboren? Warum?

In welcher Familie bin ich geboren? Warum?

Mit welchen Freunden hat mich das Leben zusammengeführt? Warum?

In welchen Lebensumständen lebe ich? Warum? Unter welchen Lebensumständen sollte ich leben? Was ist zu tun, um sie zu schaffen?

In welche Krisen/Schwierigkeiten hat mich das Leben geführt?

Wo bekomme ich Nachhilfeunterricht vom Schicksal? Lektionen – Krankheit – Leid – Schicksalsschläge.

Worin besteht das eigentliche Problem?

Was will das Leben damit bewirken?

Was ist der Sinn?

Welche Erkenntnisse habe ich daraus gewonnen?

Welche Konsequenzen habe ich daraus gezogen?

Welche Konsequenzen sollte ich daraus ziehen?

Wie kann ich den Augenblick sinnvoll erfüllen…

… zur Bewältigung meiner Vergangenheit.

… zur optimalen Gestaltung der Gegenwart.

… zum erwünschten Endzustand in der Zukunft?

Was wäre mein Wunschtraum?

Welche Rolle würde ich gern im Leben spielen?

In welcher Situation fühle ich mich am wohlsten?

Wie sieht meine Wunschbiografie aus?

Wie mache ich aus meinem Leben ein Meisterwerk?

Was würde ein Meister / Buddha / Jesus in meiner Situation tun?

Was hindert mich noch, genau das zu tun?

Wann bin ich bereit, das Notwendige zu tun?

Entwickeln kann man sich immer nur auf ein Ziel hin.

Beim Problem ist es die Lösung.

Beim Wunsch ist es die Erfüllung.

Beim Leben ist es der SINN!

Der Mandala-Test

Mit diesem einfachen Test lässt sich die geistige Situation eines Menschen, sein geistiger Standort, recht gut bestimmen. Verwendet werden zu diesem Test drei einfache geometrische Figuren.

Das Viereck

Es ist das Symbol der Materie, der Dinge, Umstände und der Gegebenheiten. Aber auch der Gesundheit, der Grenzen und der Begrenzungen, auch der selbst gesetzten geistigen. Es ist das Symbol der physischen Ebene, der Realität, der Ausdruck des Materiellen in unserem Sein. Dabei ist zu beachten, ob das Viereck gleichseitig, ungleichseitig liegend oder ungleichseitig stehend gezeichnet wird.

Viereck gleichseitig bedeutet, dass keine besondere Tendenz erkennbar ist.

Viereck ungleichseitig liegend bedeutet, dass die materiellen Aspekte der Realität im Vordergrund stehen. Man steht mit beiden Beinen im Leben, liebt Sicherheit und Gründlichkeit.

Viereck ungleichseitig stehend bedeutet, dass man den Wunsch hat, sich aus seiner materiellen Gegebenheit zu lösen und zu erlösen.

Das Dreieck

Es ist das Symbol des Wunsches, des Strebens, des Sehnens, des Bemühens, des Forschens und des Ringens. Die Spitze kann dabei nach oben, nach unten oder nach den Seiten zeigen, auch nach beiden oder mehreren Seiten gleichzeitig. Auch können zwei Dreiecke ineinander zu einem Stern angeordnet sein.

Das Dreieck mit der Spitze nach oben zeigt den Wunsch an. Hier ist Energie auf ein Ziel gerichtet, mit dem Wunsch zur Erfüllung. Es ist das Zeichen einer klaren Absicht, eines auf ein Ziel gerichteten Willens, aber auch ein Symbol für das Aufstreben, das Sicherheben über die Materie, die Dinge, Umstände, Gegebenheiten.

Das Dreieck mit der Spitze nach unten zeigt Erfüllung an, aber auch Resignation. Entweder das Ziel ist erreicht, oder der Wille ist erlahmt, die Absicht aufgegeben. Ruhe ist eingekehrt.

Dreiecke mit den Spitzen nach mehreren Seiten zeigen widersprüchliche Wünsche und Bestrebungen an. Die Kräfte können sich nicht optimal entfalten, richten sich gegeneinander oder heben sich gegenseitig auf.

Zwei Dreiecke ineinander als sechseckiger Stern zeigen an, dass der Wunsch Erfüllung gefunden hat, dass der Ausgleich hergestellt ist, die Harmonie gefunden wurde.

Mehrere Dreiecke als Zickzacklinie, die also abwechselnd die Spitze nach oben und die Spitze nach unten zeigen, heißen: Vielseitige Bestrebungen haben ihre Erfüllung gefunden, das Bemühen geht aber weiter, um die Ergebnisse noch zu verbessern.

Der Kreis

Er ist das Symbol des in sich ruhenden Seins, der Einheit, des Vollkommenen, Vollständigen, der Unendlichkeit und Harmonie. Ist er im Innern der Zeichnung, dann heißt das, dass das Sein sich noch nicht äußern konnte, dass andere Dinge, Wünsche oder Umstände das Sein bestimmen.

Ist der Kreis aber der äußere Rahmen, so zeigt das, dass alles andere in dieses Sein integriert wurde, dass Wünsche und Gegebenheiten eingeschlossen sind im

Sein, dass wir in uns ruhen, wenngleich uns im Inneren auch noch andere Kräfte bewegen. Wer nur noch den Kreis zeichnet, der ist vollkommen, ohne dass andere Kräfte ablenken. Ist jedoch das Dreieck der äußere Rahmen, so wird alles Sein dem Wunsch oder Bestreben untergeordnet, alles drängt, will zu einem Ziel, der Wille oder die Absicht stehen im Vordergrund.

Bildet das Viereck den äußeren Rahmen, dann steht die Realität den Wünschen, den Ansprüchen oder dem ganzen Sein hemmend im Wege. Wir lassen es zu, dass Dinge oder Umstände uns begrenzen oder gar bestimmen.

Diesen Test kann man in drei Teile einteilen:

Mit welcher Figur können Sie sich identifizieren, welche entspricht noch am ehesten dem inneren Sein, und welche Farbe geben Sie dieser Figur. Bei der Auswertung von Punkt 1 erkennen Sie, was im Vordergrund des Bewusstseins steht, was das Leben bestimmt, und aus der Farbe erkennen Sie, wie diese Bestimmung erfolgt, also die Art der Bestimmung.

Machen Sie eine Zeichnung, bei der jede Figur verwendet werden muss, aber jede nur einmal. Das zeigt deutlich die Grundtendenzen der Einstellung zu den einzelnen Kräften. Auch hierbei kann durch Farbe die Aussage noch deutlicher gemacht werden.

Machen Sie eine Zeichnung, bei der jede Figur beliebig oft verwendet werden darf, auch ineinander und durcheinander, aber auch eine oder zwei Figuren weggelassen werden können. Wiederum mit Farben Akzente setzen, den Figuren einen eigenen Charakter geben.

1. Wie wurde das Papierformat verwendet?

Hochformat   Mehr geistig ausgerichtet, aufstrebend

Querformat   Realistisch, materiell

2. Wirkt das Bild geordnet oder chaotisch?

Geordnet   Streben nach innerer Ordnung, Klarheit

Chaotisch   Vielfalt der Bestrebungen, chaotisch, gegensätzlich

3. Was dominiert?

Kreis   Ruht in sich, Harmonie

Dreieck   Der Wunsch bestimmt das Sein

Viereck   Die Realität dominiert, die Materie

4. Außen oder innen

Außen   Das bildet den Rahmen, die Begrenzung

Innen   Das ist verborgen, tritt nicht in Erscheinung

5. Welche Figur kommt mehrfach vor, welche gar nicht?

Mehrfach   Das bestimmt das Leben

Gar nicht   Hat keinen Einfluss auf das Leben

6. Welche Figur steht über welcher?

Unten   Bildet das Fundament, die Grundlage

Darüber   Die weitere Entwicklung

7. Welche Farbe hat was?

Die dominierende Farbe des Bildes bestimmt das Sein. Farben, die überhaupt nicht vorkommen, fehlen in der Persönlichkeit.

Welche Farben werden den einzelnen Figuren gegeben? Beachten Sie den Farbschlüssel, also den Charakter der einzelnen Farben. Alles über die Bedeutung der Farben finden Sie im »Farbenbuch«.

Ist beispielsweise das Dreieck gelb, dann ist der Wunsch geistig oder intellektuell, oder die Erfüllung wird sehr stark erwartet. Ist das Dreieck blau, wird der Wunsch ruhig in sich getragen. Ist es rot, wird aktiv etwas für die Erfüllung getan, und das oft impulsiv und fordernd. Ist das Viereck grün, steht das vernünftige, realistische Handeln im Vordergrund, die praktische Veranlagung. Ist das Viereck orange, werden die materiellen Gegebenheiten sehr lebhaft gestaltet, aber mit mehr Übersicht und Anpassungsfähigkeit. Ist der Kreis violett, ist das Sein durchgeistigt und von der Intuition bestimmt usw.

Die EGO-Revolte

Auf dem Weg zu mir selbst wird irgendwann mein Ego revoltieren. Ich soll

o nicht mehr essen, was mir schmeckt
o nicht mehr atmen, wie ich will
o keine Wünsche mehr haben
o keine Absichten und kein Ziel mehr haben
o nicht einmal mehr ICH sein.

Es gilt, sein Leben liebevoll, aber bestimmt zu führen, und zwar bei: Problemen, Wünschen, Zielen, Lektionen, Krankheiten, Schmerzen usw.

Die Devise ist, die Wirklichkeit hinter dem Schein zu erkennen. Vieles kann ich durch Erkenntnis auflösen. Ist das nicht möglich, sollte ich:

Bewusst hindurchgehen und mich dabei fragen: Muss ich das wiederholen? Brauche ich das noch? Gehört das noch zu mir? So werde ich eins nach dem anderen loslassen, was ich nicht mehr bin. Das führt zum:

Leben als ICH SELBST. Als ich selbst kommt es

nicht darauf an zu versuchen, das Richtige zu tun, sondern zu stimmen, dann stimmt auch das, was ich tue. Dazu gehört auch, alle Ideale loszulassen, denn auch das beste Ideal führt mich weg von mir selbst. Dazu gehört des Weiteren, das Denken zur Wahrnehmung zu erweitern, von der Information zur Intuition zu kommen.

Auf diesem Weg ist es notwendig, das Ego als Freund und Lehrer zu schätzen und zu nutzen. Denn nur das Ego zeigt mir zuverlässig und in jedem Augenblick, wo ich gerade nicht ICH SELBST bin.

Die Erkenntnis ICH BIN ist das Fundament des Bewusstseins. Ganz präsent zu sein und doch nicht da. Da ist kein Körper, kein Gemüt, kein Gedanke, sondern nur Wahrnehmung. Das ICH BIN geschehen lassen. Indem ich meine Identität loslasse, werde ich nicht weniger, sondern mehr.

Und wenn Sie können, bleiben Sie in diesem Meisterbewusstsein. Heilen Sie so sich und die Welt. Werden Sie zum Segen für alles, was Ihnen begegnet.

Märchen II:
Frau Holle

Eine Witwe hatte zwei Töchter. Davon war die eine schön und fleißig, die andere hässlich und faul. Die Witwe hatte aber die hässliche und faule viel lieber, weil es ihre rechte Tochter war. Die andere musste daher alle Arbeit tun und das Aschenputtel im Hause sein.

Dieses Märchen handelt von weiblichen Seelenkräften. Von der Witwe und Stiefmutter, deren Verbindung zum Geistigen nicht mehr besteht. Stief-Mutter deutet auf die materialistischen, vollkommen sinnbezogenen Aspekte der Seele hin. Die jüngeren Wesenskräfte, die Töchter, sind sehr verschieden. Die eine ist fleißig, geistesorientiert, die andere ist faul, passiv, der rechten Mutter seelenverwandt im Verhaftetsein in der Sinnenwelt.

Das arme, ungeliebte Mädchen musste sich jeden Tag auf die Straße bei einem Brunnen setzen und spinnen, bis ihr das Blut aus den Fingern sprang – die guten Kräfte wurden missbraucht. Spinnen symbolisiert von jeher den Denkvorgang, das Spinnen des Gedankenfadens. Das Spinnen erfolgt in aller Öffentlichkeit, auf der Straße, also der Welt und dem Sinnenleben zugewandt – das Gute wird vom Bösen gezwungen. Es wird so angestrengt gedacht, bis das Blut hervorspritzt, und die Spule wird ins kühle Brunnenwasser getaucht, um sie zu reinigen.

Wie beim Froschkönig befand sich diese junge Wesenskraft noch dicht beim Brunnen, dem Ort der schöpferischen Kräfte, der Tiefe des Seelenlebens. Dort hinein tauchte sie das Werkzeug des Denkens, um es zu reinigen, und gleich der goldenen Kugel versinkt die Spule – sie lässt das Denken los. Das Denken kann vom Tagesbewusstsein nicht mehr erfasst werden, da es versinkt.

Die Stiefmutter, die um Hilfe gebeten wurde, war zornig und befal dem Mädchen, die Spule wieder heraufzuholen. Weinend sprang das Mädchen in den Brunnen.

Die materielle Seelenmutter vermag nicht zu helfen, und wieder bringt der Schmerz die Wandlung. Die Vertiefung des Denkens wird vollzogen, indem die junge Seele sich ganz in die Tiefe, in den Brunnen begibt.

Dabei verlor es die Besinnung, und als es erwachte, war es auf einer schönen Wiese, wo die Sonne schien und viele tausend Blumen standen. Auf dieser Wiese ging dieses Mädchen fort und kam zu einem Backofen, der voller Brote war. Die Brote riefen: Hol uns raus, sonst verbrennen wir. Da trat das Mädchen herbei und holte alle Brote heraus.

Auf einer anderen Ebene, der des dauernden Wachstums und der Erneuerung, erwacht das Mädchen, um verschiedene Aufgaben der Erkenntnis zu erfüllen. Das Brot, die Erkenntnis, ist bereits ausgebacken. Die Zeit ist reif, das Brot aus dem Ofen zu holen. Dort im Herzen, in der Wärme, ist die Erkenntnis gereift, und jetzt muss das Mädchen damit umgehen, aktiv werden.

Danach ging es weiter und kam zu einem Baum, der voller Äpfel hing. Der Baum rief: Schüttel mich, die Äpfel sind alle miteinander reif! Da schüttelte das Mädchen den Baum, dass die Äpfel herunterfielen, bis keiner mehr oben war, und als es alle auf einen Haufen zusammengelegt hatte, ging es weiter.

Der Baum der Erkenntnis verlangt danach, abgeerntet zu werden.

Schließlich kam es zu einem kleinen Haus, aus dem eine alte Frau herausschaute, die rief: Was fürchtest du dich, liebes Kind? Bleib bei mir. Wenn du alle Arbeit im Haus ordentlich tun willst, so soll's dir gut gehen. Du musst nur Acht geben, dass du mein Bett gut machst und es fleißig schüttelst, dass die Federn fliegen. Dann schneit es auf der Welt; ich bin die Frau Holle!

Frau Holle, jene Schicksalsmacht (wahrscheinlich eine der germanischen Muttergottheiten), die über die Natur wacht, ist möglicherweise auch die Schutzgöttin der Arbeitsamen, der Spinnenden. Man vermutete später, dass sie in einer Höhle wohnte.

Weil die alte Frau ihm so gut zusprach, fasste sich das Mädchen ein Herz, willigte ein und begab sich zu seinem Dienst. Es tat alles zur Zufriedenheit und schüttelte auch das Bett immer gewaltig auf, dass die Federn wie Schneeflocken umherflogen. Dafür hatte es auch ein gutes Leben bei der alten Frau: kein böses Wort und alle Tage Gesottenes und Gebratenes.

Aber nach einiger Zeit bei Frau Holle wurde das Mädchen traurig und wusste anfangs selbst nicht, was ihm fehlte, bis es endlich merkte, dass es Heimweh war. Obwohl es ihm hier tausendmal besser ging als zu Hause, hatte es doch ein Verlangen dahin.

Das Mädchen ist fleißig bei Frau Holle und wirkt bei der Arbeit der Schicksalsmacht aktiv mit. Weißer, reiner Schnee, das Helle, das vom Himmel kommt, das Gute, das bis in die äußere Sinneswelt hineinwirkt, ist das Resultat seines Schaffens.

Endlich sagte das Mädchen zu der alten Frau: Ich hab den Jammer nach Hause gekriegt, und wenn es mir auch noch so gut hier unten geht, so kann ich doch nicht länger bleiben. Ich muss wieder hinauf zu den Meinigen. Frau Holle sagte: Es gefällt mir, dass du wieder nach Hause möchtest, und weil du mir so treu gedient hast, will ich dich selbst hinaufbringen.

Sie nahm es bei der Hand und führte es vor ein großes Tor. Dies ward aufgetan, und wie das Mädchen darunter stand, fiel ein gewaltiger Goldregen herab, und alles Gold blieb an ihm hängen, sodass es über und über davon bedeckt war. Das sollst du haben, weil du so fleißig gewesen bist, sagte die alte Frau und gab ihm auch die Spule wieder. Darauf ward das Tor verschlossen. Das Mädchen befand sich oben auf der Welt, nicht weit von dem Haus seiner Mutter, und als es in den Hof kam, saß der Hahn auf dem Brunnen und schrie: Kikeriki, unsere goldene Jungfrau ist wieder hier. Da ging es hinein zu seiner Mutter, und weil es so mit Gold bedeckt war, ward es von der Mutter und der Schwester gut aufgenommen.

Frau Holle entlässt das Mädchen gern, nachdem es alle Aufgaben auf diesen außer-sinnlichen, geistigen Ebenen vollendet hat, und bringt es selbst zurück zur irdischen Welt, wo es mit neuen Erkenntnissen den Besuch der Lebensschule fortsetzen kann. Als das Mädchen durch das Tor zur Außenwelt tritt, ist es über und über mit dem Weisheitsgold behaftet. Auch die Spule bekommt es zurück, sodass es das Erdenleben mit gereinigtem Denken neu beginnen kann. (Als es die Denkspule wiederbekommt, wird das Tor mit dem Weisheitsgold sofort verschlossen, Denken und Weisheit vertragen sich nicht.) Zu Hause wird die goldene Jungfrau gut aufgenommen, da ihr Weisheitsgold auch allen anderen Segen bringt.

Das Mädchen erzählte alles, was ihm begegnet war, und als die Mutter hörte, wie es zu dem Reichtum gekommen war, wollte sie der faulen Tochter dasselbe Glück beschaffen. Sie musste sich an den Brunnen setzen und spinnen, und damit ihre Spule blutig wurde, stach sie sich in den Finger und stieß die Hand in die Dornenhecke. Dann warf sie die Spule in den Brunnen und sprang hinterher.

Nach außen hin tut die zweite Tochter das Gleiche, doch die Erfahrung des intensiven Denkens wird umgangen, sie stößt die Hand in die Dornenhecke. Bei ihr läuft keine natürliche Entwicklung der Dinge ab, sie wartet nicht, bis die Zeit reif ist, sondern handelt mutwillig und eigenmächtig, um das Schicksal zu betrügen.

Auch sie kam auf die Wiese und ging denselben Pfad, aber sie zog die Brote nicht heraus und schüttelte auch den Baum nicht, d. h., sie kann keine Geistesnahrung, kein Brot gewinnen, und auch das Unterscheidenkönnen des Guten und Bösen bleibt ihr verschlossen. Sie kann die Aufgaben dieser Ebene nicht lösen und wird von Frau Holle ausgestoßen. Der Versuch, mit Betrug das Weisheitsgold zu erlangen, ist fehlgeschlagen, sie erhält stattdessen das Pechschwarz, und verärgert, anstatt geläutert muss sie ihr dunkles Erdenleben weiterführen. Der Hahn, wie der Frosch das instinktive ICH, verkündet, unter welchen Vorzeichen das begonnene Erdenleben, die neue Inkarnation, begonnen wird: mit Weisheit oder Finsternis, je nach Verhalten im vorherigen Leben.

Meditation:
Ein neues Leben beginnen

Ich habe jetzt die Wahl, ein ganz neues Leben zu beginnen. Mein Leben. Die Chance, mich für mich selbst zu entscheiden.

Ich wähle zuerst mein Schicksal. Was mir an meinem bisherigen Schicksal gefällt, nehme ich mit, was nicht zu mir gehört, ändere ich jetzt.

Dann wähle ich mir einen neuen Körper und mache mir bewusst, wie der aussieht, wie er ist, was er kann. Dazu wähle ich auch eine neue Gesundheit. Mache mir bewusst, wie meine Zähne, meine Verdauung, meine Kraft, meine Bewegung und das Wohlgefühl, das meinen Körper durchströmt, sind.

Nun wähle ich meinen Partner. Als Voraussetzung mache ich mir bewusst, wie ich als Partner bin. Wie verhalte ich mich als Partner, und wen wähle ich? Mit welchen Eigenschaften? Verhaltensweisen?

Ich wähle auch eine neue Persönlichkeit für mich aus. Mache mir bewusst, welche Eigenschaften diese neue Persönlichkeit hat. Wie sie sich verhält.

Nun entscheide ich mich für meinen Beruf. Werde

ich studieren? Was will ich werden? Auf welchem Weg? Ich prüfe sorgfältig, ob das wirklich das ist, was mich erfüllt. Ob es meiner Aufgabe und meinem Weg entspricht.

Dann wähle ich ganz bewusst meine Lebensaufgabe, den Sinn und Inhalt meines Lebens. Ich entscheide mich für den Weg und die Schritte, wie ich diese Aufgabe erfüllen werde.

Nun entscheide ich, in welchem Bewusstsein ich meinen Weg gehen will. Wie hoch, wie weit, wie klar ist dieses? Wie umfassend und wie liebevoll? Wie bewusst ist mir die Einheit mit allem? Erkenne ich das Höchste in allem, und verhalte ich mich entsprechend?

Danach entscheide ich mich für meinen Wohnort. Welche Stadt oder welchen Ort wähle ich? Und wo werde ich dort wohnen? Wähle ich ein Haus oder eine Wohnung, und wie sieht das aus? Wie ist es eingerichtet?

Dann wähle ich bewusst meine Hobbys. Wie fülle ich meine Freizeit aus? Und mit wem? Ich prüfe jedes Hobby sorgfältig, ob es wirklich zu mir gehört. Ob ich das bin.

Dann prüfe ich sorgfältig, ob alle Teile meines Seins stimmen. Ob ich alles wirklich bin, oder ob ich einen Aspekt ändern sollte. Dann gehe ich als Neuer Mensch in ein Neues Leben und lebe bewusst als ICH SELBST im HIER und JETZT.

Wie man
zu Bewusstsein kommt

Die Welt erwartet von uns, dass wir ständig aktiv sind. So kommen wir nicht zum Sein. Das Tun verlangt Wissen, Können und den Einsatz des Intellekts. Das Sein verlangt Zeit zur Selbst-Besinnung und Intelligenz. Sitz des Intellektes ist die linke Gehirnhälfte, die den Mikrokosmos repräsentiert. Sitz der Intelligenz ist die rechte Gehirnhälfte in Verbindung mit dem Herzen, die den Makrokosmos repräsentiert. Erst beides zusammen ergibt ein Ganzes. Heute regiert der Intellekt über die Weisheit mit all seinen Folgen. Der Intellekt handelt logisch, rational und gefühllos, ohne Herz. Ohne Verbindung zum Herzen besteht keine bewusste Verbindung zum Leben und damit zu uns selbst.

Wir alle haben, aber kaum jemand ist bei Bewusstsein. Wir identifizieren uns mit unserer kleinen Persönlichkeit und vergessen unsere wahre Größe, unser wirkliches Sein. Es wird Zeit, dass wir unseren Verstand überschreiten und wieder in die Grenzenlosigkeit des BEWUSSTSEINS eintreten, nach innen lauschen und wahrnehmen, wer wir wirklich sind. Sobald das geschieht, ist uns unsere bisherige Persönlichkeit zu klein, wir lassen unsere Alltags-Persönlichkeit los und fangen an, wirklich zu leben.

Lassen Sie uns miteinander eintreten in das »Geheimnis Leben« und entdecken, was das Leben uns zu sagen hat. Die Sprache des Lebens als wichtigste Fremdsprache lernen und im Ein-klang mit dem Leben einfach zu sein. Uns bewusst entscheiden, ob wir unser ICH glücklich machen wollen oder unser Selbst, den, der ich wirklich bin. Es geht hier um eine tiefe Beziehung zu dem Phänomen Leben, denn hinter der Selbstverständlichkeit unserer biologischen Existenz verbirgt sich der fast unbekannte Bereich des Wahren Seins. Bewusstsein ist das, worum es geht im Spiegel des Lebens. Dazu muss ich aber die Ich-Umklammerung des Selbst lösen, erwachen und hervortreten, um zu leben als Meister und Schöpfer – als Ebenbild Gottes.

Zu Bewusstsein kommen kann man mit einer Bergbesteigung vergleichen. Ich befinde mich zunächst in einem engen Tal, mehr oder weniger weit entfernt vom Fuß des Berges. Das heißt, mein Bewusstsein ist noch nicht erwacht und gleicht einem engen Tal mit begrenztem Horizont. Will ich zum Berg, also mich dem Bewusstsein nähern, kann ich von meinem Standort aus nur in eine bestimmte Richtung gehen. Ich muss also zunächst einmal zu Bewusstsein kommen, um es zu erheben, und mit der eigentlichen Bergbesteigung beginnen.

Habe ich mich so auf den Weg zu mir selbst gemacht und bin zu Bewusstsein gekommen, beginnt der Aufstieg. Nun muss ich die Richtung, den Weg und mein Tempo bestimmen. Ich kann rechts herum oder links herum gehen, und obwohl es entgegengesetzte Richtungen sind, gelange ich in beiden Richtungen zum selben Ziel. Ich kann sogar auf der direkten Route durch die Wand auf den Gipfel gelangen. Wir alle sind, sobald wir erwacht sind, auf dem Weg zum Gipfel, zum Höchsten Bewusstsein.

Aber was geschieht, wenn wir anderen begegnen? Wir streiten uns, weil jeder meint, nur seine Richtung kann die richtige sein, schließlich kommen wir ja gerade aus der Richtung, in die der andere gehen will. Natürlich halten wir auch unser Tempo für das einzig richtige, denn wer schneller geht, der wird nur vor dem Ziel müde, und wer langsamer geht, der kommt erst gar nicht ans Ziel. Solange wir uns aber streiten und uns gegenseitig aufhalten, kommt keiner ans Ziel. In Wirklichkeit führt jeder Weg früher oder später zum Gipfel, wenn wir ihn nur konsequent zu Ende gehen.

Es gibt gut ausgebaute Wege mit Sicherungen an den gefährlichen Stellen, und es gibt schmale Pfade, die unsere ganze Aufmerksamkeit und Kraft erfordern. Es gibt auch die bequeme Möglichkeit der Bergbahnen, die den verschiedenen Kirchen entsprechen, und die individuelleren Sessellifte, die den unzähligen Sekten entsprechen. Hier ist der Aufstieg zwar bequem, aber ich erreiche so immer nur die Bergstation und nie den Gipfel. Die letzten Schritte der persönlichen Gotteserfahrung muss ich selbst machen und dazu natürlich die Bergbahn oder den Sessellift verlassen.

Es kann vorkommen, dass ich zwar aussteige und über der schönen Aussicht meine Gipfelsehnsucht vergesse oder glaube, schon am Ziel zu sein. Deshalb ist es hilfreich, einen Bergführer zu nehmen, der den Weg aus eigener Erfahrung kennt, weil er den Gipfel schon mehrfach erstiegen hat. So weit ich den Berg erstiegen habe, kann ich anderen, die noch nicht so weit gekommen sind, zum Führer werden, denn im Grunde sind wir alle Geführte und Führer zugleich.

Je näher wir dem Gipfel kommen, desto stärker weht der Wind, aber umso stärker wird auch die Sehnsucht, und letztlich lassen wir uns durch nichts mehr aufhalten, kennen nur noch ein Ziel, nämlich endlich den Gipfel zu erreichen. Haben wir aber das Ziel nach vielen Mühen erreicht, erkennen wir, dass wir uns nicht auf unseren Lorbeeren ausruhen können. Vielmehr erkennen wir, dass der Weg das Ziel ist und das Ziel nur das Ende des Weges. Also machen wir uns wieder auf den Weg nach unten, um den vielen zu helfen, die den Weg zum Gipfel noch nicht gefunden haben.

Wir haben nun unsere individuelle Lebensaufgabe erfüllt und können einen angemessenen Teil der allgemeinen Menschheitsaufgabe übernehmen, denn der Weg ist erst beendet, wenn ALLE auf dem Gipfel angekommen sind. Jeder trifft auf seinem Weg zum Gipfel einen Bergführer, der ihn ein mehr oder weniger großes Stück zum Gipfel führt. Und begegnen sich Bergführer untereinander, dann erkennen sie sich und tauschen ihre Erfahrungen aus, um den ihnen Anvertrauten immer besser helfen zu können. Dann macht sich jeder wieder auf seinen Weg.

Der Weg ist das Ziel!

Sinnestore öffnen –
Training der fünf Sinne

Gehen Sie bewusst in die einzelnen Sinne hinein. Verbinden Sie Bewusstsein und Sinn.

In der Schule haben wir gelernt, dass der Mensch fünf Sinne hat. Wir haben aber sehr viel mehr. Außer den bekannten fünf Sinnen:

> Gesichtssinn
> Hörsinn
> Tastsinn
> Geruchssinn
> Geschmackssinn

gibt es noch:

> Gleichgewichtssinn
> Orientierungssinn
> Wahrnehmungssinn
> Geschäftssinn
> Leichtsinn
> Lebenssinn

und viele mehr.

Wenn wir unsere »außer-sinnliche Wahrnehmung« entdecken, trainieren und nutzen wollen, sollten wir zunächst einmal den Gebrauch der normalen fünf Sinne optimieren, sie wirklich wecken. Dann hat unser »sechster Sinn« wesentlich bessere Chancen, sich zu entfalten.

Beginnen wir mit der Praxis:

Schließen Sie die Augen und entspannen Sie sich. Gestatten Sie Ihrem Körper, vollkommen bewegungslos zu sein. Stellen Sie sich vor Ihrem geistigen Auge einen schwarzen Punkt vor. Lassen Sie jeden anderen Gedanken einfach los und konzentrieren Sie sich ganz gelöst auf den schwarzen Punkt. Lassen Sie den schwarzen Punkt immer deutlicher werden und »sehen« Sie dann andere geometrische Formen. Einen Kreis, ein Rechteck, ein Dreieck, bis Sie alle ganz deutlich »sehen« können.

Nun machen Sie das Gleiche mit den Zahlen von 1 bis 10. Dann stellen Sie sich einen Buchstaben nach dem anderen vor. Beginnen Sie nun mit den verschiedenen Farben, bis Sie auch die deutlich sehen können.

Dann üben Sie, verschiedene Gegenstände zu »sehen«. So aktivieren Sie Ihren geistigen Bildschirm noch mehr. Erleben Sie noch einmal ganz bewusst und in ALLEN Einzelheiten den Beginn des heutigen Tages.

Erleben Sie den Augenblick, in dem Sie die Augen öffnen. Sehen Sie sich im Zimmer um – nehmen Sie alles genau wahr. Vielleicht hören Sie vorher noch den Wecker klingeln, oder jemand spricht zu Ihnen.

Riechen Sie bewusst Ihr Rasierwasser, Haarspray oder Parfüm. Spüren Sie, wie Sie sich duschen, kämmen, anziehen. Schmecken Sie Ihren Morgenkaffee, Ihre Brötchen, Zigarette usw. Erleben Sie ganz bewusst, was Sie nach dem Frühstück tun.

Gehen Sie nun in der Zeit zurück, und sehen und erleben Sie sich noch einmal in Ihrem Elternhaus. Erleben Sie sich in verschiedenen Szenen Ihrer Kindheit. Erleben Sie, wie gesund und leicht Sie sich fühlen und was Sie zu dem Zeitpunkt bewegt.

Erleben Sie noch einmal Ihren ersten Kuss, Ihre große Liebe. Spüren Sie dabei dem Gefühl nach, das Sie dabei erfüllt. Lassen Sie das Erleben ganz deutlich und intensiv werden.

Sehen und erleben Sie noch einmal Ihren letzten Urlaub. »Sprechen« Sie mit Leuten, die Sie dabei kennen gelernt haben. Schwimmen Sie noch einmal im Pool oder im Meer. Spüren Sie die Sonne ganz intensiv auf Ihrer Haut.

Begeben Sie sich nun in Ihrem Inneren auf eine Wiese. Nehmen Sie diese Wiese mit ALLEN Sinnen wahr. Spüren Sie ganz deutlich das Gras unter Ihren Füßen, und riechen Sie die Blumen. Hören Sie die Vögel zwitschern und das Rauschen des Windes in den Bäumen. Nehmen Sie alles ganz bewusst und intensiv wahr. Hören Sie das Summen der Bienen, und atmen Sie die reine Luft. Fühlen Sie sich ganz wohl, und lassen Sie Ihre geistigen Sinne ganz lebendig werden. Nehmen Sie ganz bewusst mit ALLEN Sinnen wahr.

Umschalten vom Sehen zur Wahrnehmung
Der mit dem ICH identifizierte Verstand empfängt Intuition nur zufällig, wenn die Leitung einen Augenblick nicht durch Denken blockiert ist, und auch dann versteht er oft noch nicht.

Solange also Denken die Leitung besetzt, kann Intuition nicht empfangen werden. Die Leitung ist nur frei bei Gedankenstille.

Es gibt mehrere Wege, Gedankenstille herzustellen. Es entsteht Gedankenstille in der Atempause nach dem Ausatmen, bis der neue Atemzug kommt. Das ist aber meist so kurz, dass wir es nicht bemerken.

Eine andere Möglichkeit ist »Wolken anschauen« und dabei die Gedankenwolken vorbeiziehen zu lassen, ohne sie zu beachten. Dann an den Wolken vorbei in den blauen Himmel schauen, in die Leere, das Nichts, bis Gedankenstille eintritt.

Ein anderer Weg ist die Konzentration auf den Atem. Ich konzentriere die Vielfalt meiner Gedanken auf einen Punkt und beobachte meinen Atem – lasse alles andere los. Kommt ein Gedanke, sage ich: Jetzt nicht, jetzt beobachte ich meinen Atem – bis ich nur noch meinen Atem beobachte. Dann lasse ich auch den Atem los und bin in Gedankenstille.

Geben Sie Ihrer Intuition eine Chance

Es klingelt an der Haustür. Sehen Sie geistig nach, bevor Sie öffnen. Ihr Telefon klingelt. Lassen Sie es klingeln, bis Sie wissen, wer dran ist, und begrüßen ihn mit seinem Namen. Bevor Sie die Post hereinholen, sehen Sie nach, von wem Post gekommen ist. Bevor Sie einen Brief öffnen, lesen Sie ihn und kontrollieren dann das Ergebnis. Stellen Sie sich in einem Kaufhaus vor den Fahrstuhl, der als Nächster kommt, und kontrollieren Sie das Ergebnis.

Trainieren Sie bei jeder sich bietenden Gelegenheit Ihre geistigen Sinne, bis Sie sich vollkommen auf Ihre Wahrnehmung verlassen können.

Training »Riechen«

Beginnen Sie damit, sich verschiedene Gerüche vorzustellen, bis Sie sie geistig riechen können. Kombinieren Sie das mit dem geistigen Sehen. Stellen Sie sich eine aufgeschnittene Zitrone vor und riechen Sie geistig daran. Das Gleiche machen Sie mit einem Apfel, einer Orange, Grapefruit, Kaffee, Marmelade usw.

Ergänzen Sie die Übung mit der Wahrnehmung von Fisch, Gewürzen und fertigen Gerichten. Erkennen Sie nur über den Geruch, welches Gewürz beim Essen fehlt. Riechen Sie den Duft von Zigaretten, Zigarren, Pfeife. Riechen Sie geistig die verschiedenen Blumendüfte. Auch Rasierwasser, Parfüms usw.

Training »Fühlen«
»Fühlen« Sie geistig: Papier, Karton, Seide, Baumwolle, Glas, Holz. Kombinieren Sie das wieder mit dem geistigen Sehen. Gleiten Sie in Ihrer Vorstellung mit den Fingern über das Material, bis Sie Oberfläche und Form eindeutig fühlen können. Lernen Sie dabei auch die verschiedenen Arten von Wärme zu unterscheiden. Sonne wärmt anders als eine Glühbirne oder eine Kochplatte. Vergleichen Sie die Wärme eines offenen Feuers mit einer Kerze. Unterscheiden Sie Holzfeuerwärme von der Wärme eines elektrischen Heizöfchens, ja sogar Kohle und Holzfeuer haben eine unterschiedliche Qualität.

Training »Schmecken«
Schmecken Sie in Ihrer Vorstellung verschiedene Speisen und Getränke. Wieder können Sie das mit dem geistigen Sehen verbinden.

Schmecken Sie verschiedene Früchte, auch Reifegrade der Früchte. Vergleichen Sie ihren geistigen Geschmack mit der Realität. Beißen Sie in eine Frucht, oder probieren Sie das Getränk. Werden Sie so zum Feinschmecker und vielleicht sogar zum Weinkenner. Experimentieren Sie mit verschiedenen Weinsorten.

Training »Hören«

Trainieren Sie einmal, in einer Gesellschaft einzelnen Gesprächen zu folgen. Lernen Sie so, selektiv zu hören. Werden Sie fernhörig, und hören Sie deutlich, was entfernt gesprochen wird. Wenn ein anderer telefoniert, hören Sie, was der Gesprächspartner am Telefon sagt, was Sie mit Ihren physischen Ohren nicht hören können.

Trainieren Sie, den kosmischen Ton zu hören. Und vor allem: Hören Sie auf Ihre innere Stimme. Auf die leise Stimme der Vernunft, aber auch auf die Stimme Ihrer Intuition, auf die Stimme Ihres Gewissens. Hören Sie auf sich selbst.

Erfinden Sie immer neue Kombinationen Ihrer physischen und Ihrer geistigen Sinne, bis Sie ständig alle Ihre Sinne gleichzeitig nutzen.

Erleben Sie, wie viel reicher Ihre Wahrnehmung dadurch wird. Wie viel sicherer Ihr Leben durch Ihre Intuition wird. Bleiben Sie ständig auf Empfang, und leben Sie in und aus der Intuition.

Erfolg und Bewusstsein

*Erfolg ist abhängig vom Grad
meines Bewusstseins, der Beherrschung
meines Denkinstrumentes und dem
Grad meines Glaubens.*

Wie man zu Bewusstsein kommt

Ich erkenne, WER ich wirklich bin.

Ich bin ein Schöpfer und kein Opfer.

Ich kann JEDERZEIT und ALLE Lebensumstände frei
bestimmen.

Ich kann jederzeit gesund sein.

Ich kann meine Vergangenheit bereinigen.

Ich kann meine Zukunft bestimmen und gestalten.

Ich bestimme, wie erfolgreich ich bin.

Ich komme zu Bewusstsein durch Zuhören.

Ich erlebe während einer Rückführung das ewige ICH BIN, das sich er-innert.

Ich erkenne mich als allumfassendes, grenzenloses Potenzial.

Ich stelle meine Ernährung um – entsäuere meinen Körper – mache geistige Diät- und Fastenkuren.

Ich kann mich Wesentlichem zuwenden – nur Geistreiches denken, lesen, sagen.

Wie man sein Bewusstsein erweitert

Bewusstsein auf einen Punkt konzentrieren.

Bewusstsein über den Körper hinaus erweitern.

Bewusstsein mit einer bestimmten Qualität erfüllen. Klarheit, Heilung usw.

Loslassen, was nicht mehr wirklich zu einem gehört, Ärger usw.

Denken, fühlen, reden, handeln als ICH SELBST.

Erleben, ALLES zu erreichen, was ich denken und glauben kann.

Erleben, ALLES und JEDERZEIT wahrnehmen zu können.

Zuhören und »subkutan« reden lernen.

Charisma und Intuition ent-wickeln.

Die innere Dimension erweitern.

Heilung geschehen lassen für Körper, Beziehung, Umstand, Situation.

Lesen lernen – Wesentliches erkennen.

Die Wirklichkeit hinter dem Schein erkennen.

Chakren aktivieren, Aura optimieren, Charisma ent-wickeln.

Wie man bewusst bleibt

Immer wieder in die Selbst-Identifikation gehen.

Sich immer wieder erinnern.

Denken, reden, fühlen, handeln als ICH BIN.

Aufwachen und einschlafen als ICH SELBST.

Jeden Raum mit Bewusstsein erfüllen.

Stimmig leben – Leben im TAO.

Aus der Intuition leben – ständig auf Empfang bleiben.

»Sender« sein – subkutane Signale aussenden, die JEDER empfängt.

Jeden anderen als Teil des einen BEWUSSTSEINS erkennen und ansprechen.

Handeln aus dem Sein – Tun, was man tut!

Leben als Meister – als göttliches Bewusstsein – als erwachter Gott.

Meditation:
Einladung in den Augenblick

Treten Sie ein durch die Tür des Augenblicks in die Wirklichkeit des ewigen Seins. Ich lade Sie ein, mit mir in »diesen Augenblick« zu kommen. Stellen Sie sich vor, dieser Augenblick sei ein Ort in Ihnen.

Schließen Sie die Augen, öffnen Sie die Tür nach innen, und treten Sie ein in Ihre lichte Innenwelt. Suchen Sie sich dort einen schönen Platz, und machen Sie es sich ganz bequem. Spüren Sie, wie eine Last von Ihnen abfällt, wie Sie sich von allem lösen, was nicht in diesen Augenblick gehört, wie Sie ganz im Hier und Jetzt ankommen. Spüren Sie, wie Sie sich wohl fühlen und diesen Augenblick genießen. Lebensfreude kommt auf, und Sie spüren, dass Sie stimmen in diesem Augenblick. Machen Sie sich bewusst, wie gut es Ihnen geht – in diesem Augenblick.

In diesem Augenblick ist es völlig gleichgültig, ob Sie krank sind oder gesund, Sie spüren Ihren Körper gar nicht. Es ist, als ob Sie gar keinen Körper mehr hätten.

In diesem Augenblick ist es auch völlig gleichgültig, ob Sie jung sind oder alt. Sie haben gar kein Alter. In diesem Augenblick sind Sie ewig – das ist Ihr eigentlicher, wahrer Zustand.

In diesem Augenblick ist es völlig gleichgültig, ob Sie wenig Geld haben oder Schulden oder Millionen. Es ist ganz gleichgültig, ob Sie Erfolg haben, ob Ihre Wünsche sich erfüllt haben, ob Sie Ihr Ziel erreichen konnten – Sie sind das Ziel. Sie haben alles erreicht, was man in diesem Leben erreichen kann – Sie sind SIE SELBST – in diesem Augenblick!

Alle Lebensumstände sind in diesem Augenblick nebensächlich, und doch können Sie alles ändern – in diesem Augenblick. Wenn Sie stimmen, spüren Sie, was zu Ihnen gehört. Und Sie können ganz bewusst dieses Stimmigsein genießen – in diesem Augenblick. Wenn Sie ständig stimmen, sind Sie erleuchtet.

In diesem Augenblick ist es auch völlig gleichgültig, welche Rolle Sie im Leben spielen oder welche Position Sie haben. Ihre Vergangenheit, Ihre Zukunft oder Ihr Schicksal sind unwichtig. Sie sind reines Sein, ewige Gegenwart ohne Vergangenheit und ohne Zukunft. Sie sind durch die Tür des Augenblicks eingetreten in Ihr ewiges Sein. Die einzige Wirklichkeit heißt ICH BIN!

Die Welt ist ganz weit – aber ich bin. Bin reines Sein. Ruhe in meiner Mitte. Kehre mit dieser Ruhe jetzt zurück an meinen Platz – ins Hier und Jetzt.

Die Botschaft des Körpers

Was Ihnen Ihre Krankheit sagen will, oder:
Krankheit als Segen – Heilung als Aufgabe

Wir nennen diese Welt KOSMOS, das bedeutet ORDNUNG. Wir sind eingebettet und durchdrungen von dieser Ordnung. Wir sind ein Teil dieser Ordnung, und auch wir sind in Ordnung. Von unserem wahren Wesen her leben wir im Einklang mit der Schöpfung. Diesen Einklang mit der Schöpfung erleben wir als Wohlgefühl, Lebensfreude, Vitalität und Gesundheit. Doch auch wenn wir diese Ordnung stören, bekommen wir vom Leben eine Botschaft. Der wichtigste Botschafter des Lebens ist unser Körper. Die Störung der natürlichen Ordnung erleben wir als Krankheit, Mangel und Leid.

Unser Körper, dieser wunderbare Botschafter des Lebens, sagt uns nicht nur, WO wir uns nicht lebensgerecht verhalten, er zeigt uns stets auch, WAS zu tun ist, um wieder in Harmonie mit dem Leben zu sein. Er schickt uns ständig Botschaften, und der Körper kann nicht lügen. Er spiegelt nur den Inhalt unseres BE-WUSSTSEINS und lässt so etwas Unsichtbares sichtbar werden.

Wenn wir eine Botschaft nicht beachten, schickt er uns den Schmerz, um uns auf sie aufmerksam zu machen. Und wenn wir die Botschaft nicht befolgen, schickt er uns letztlich den Tod. Wann immer wir Schmerzen haben, haben wir eine Botschaft übersehen.

Alles ist eine Botschaft: unser Aussehen, jede Geste, unser Verhalten und natürlich jedes Symptom. Wir sehen aus und verhalten uns entsprechend unserem Sosein. Jeder ist für sein Aussehen, sein Verhalten und seine Gesundheit selbst verantwortlich. Im Tagebuch unseres Körpers steht unsere Lebensgeschichte.

Die Botschaft besteht immer aus drei Teilen:
1. Der Ort der Erkrankung
2. Die Art der Erkrankung
3. Zeitpunkt der Erkrankung

Keine Krankheit ist eine Strafe oder Verurteilung, sondern immer eine Chance. Ergreife ich die Chance aber nicht, weil ich die Botschaft möglicherweise nicht erkenne, zwinge ich das Schicksal, eine Wiederholung in deutlicherer Form vorzunehmen.

Die meisten Menschen aber erkennen Krankheit nicht als liebevollen Hinweis des Körpers auf eine Stö-

rung im Bewusstsein, sondern sehen sie als Schicksals-
schlag, als Laune der Natur oder als Zufall, der den
einen trifft und den anderen verschont. Das Schicksal
aber ist der beste Therapeut, es heilt letztlich jeden.
Entweder auf dem königlichen Weg der Erkenntnis
oder auf dem üblichen Weg durch Krankheit und Leid.
Dem Schicksal ist es ganz gleich, ob ich etwas bewusst
oder unbewusst tue, ich trage die Folgen.

Eine Statistik unseres Denkens würde zeigen, dass
ein Großteil unserer Gedanken negativ ist. Negative
Ursachen können aber auch nur negative Folgen haben.

Schon Buddha sagte: Ihr, die Ihr leidet, wisset, Ihr
leidet durch Euch selbst. Niemand zwingt Euch dazu,
dass Ihr leidet, und auch Befreiung kommt nur durch
Euch selbst.

Betrachten wir die Welt, sehen wir Unrecht, Krankheit und Leid. Das ist so offensichtlich, dass wir das
nicht in Frage stellen. Wenn wir aber die Wirklichkeit
hinter dem Schein erkennen, sehen wir absolute Ge-
rechtigkeit und Krankheit und Leid nur als Botschaft
und natürliche Folge des Missbrauchs der schöpferischen Energie des Menschen.

Wir alle haben unser Schicksal, tragen es mehr oder
weniger geduldig, aber kaum jemand fragt sich, warum
er unter diesen Umständen lebt. Was sie verursacht, und
ob und wie man sie eventuell ändern könnte. Sobald

wir das tun, erkennen wir, unser Schicksal liegt in unserer Hand, und wir haben die Möglichkeit, es in jedem Augenblick zu ändern. Aber trotz aller Bemühungen nicht äußerlich, sondern nur in UNS. Das Schicksal kann nur dort geändert werden, wo es geschaffen wird, in unserem Bewusstsein. Die Umstände sind ein Spiegel unseres Bewusstseins.

Der Körper bleibt von selbst 140 Jahre gesund, wenn Sie ihn nicht stören. Und wenn, dann schickt er Ihnen eine Botschaft, und wenn Sie sie nicht beachten, den Schmerz und Tod.

Der Mensch ist ein geistiges Wesen. Geburt, Krankheit, Alter und Tod betrifft nicht unser wahres Selbst, sondern nur unseren Körper. Der Bewohner des Körpers ist ein individualisierter Teil des einen BEWUSSTSEINS und damit unsterblich. Aber es ist unsere Pflicht, den Körper in einem guten Zustand zu halten, bis wir auch unsere geistige Geburt vollendet haben. Unser Schöpfungsauftrag lautet, gesund und glücklich in der Fülle zu leben und jung zu bleiben, auch wenn wir alt werden. Dazu müssen wir unser Denken, Fühlen, Reden und Handeln in Einklang bringen mit der Schöpfung.

Der Körper ist immer eine Wirkung, niemals eine Ursache. Auch die so genannten Alterskrankheiten sind nur die Information über ungelöste Aufgaben des Lebens. Immer wieder kann man es erleben, dass Menschen, die ein Leben lang krank waren, im Alter plötzlich frei von Krankheit sind, ja geradezu aufblühen. Krankheit und Leid sind nur die Folgen des Missbrauchs der Freiheit.

Wenn der Körper nicht länger ein gebrauchsfähiges Instrument ist, muss ihn die Seele verlassen, gleich, ob die Aufgabe erfüllt ist oder nicht, und sie setzt ihr Dasein auf einer anderen Ebene fort.

Viele Menschen fragen sich, wie ein Gott der Liebe das Leid überhaupt zulassen kann. Sie übersehen dabei, dass Leid weder gottgewollt noch gottgefällig ist. Doch anstatt die Ordnung zu erkennen, glauben sie an Zufall, Glück oder Pech. Die wahre Ursache von Krankheit und Leid ist stets das Denken bzw. das falsche Denken. Der Dichter sagt:

Was uns trifft, entspringt dem Denken,
geht aufs Denken stets zurück.
Was uns trifft, quillt aus dem Denken,
Denken regelt das Geschick.
So wir, bösem Denken dienstbar,
Worte oder Taten schufen,
folgt das Leid dem Weltenlaufe,
wie das Rad des Zugtiers Hufen.
So wir, reinem Denken dienstbar,
Worte schaffen oder Taten,
folgt das Glück dem Weltenlaufe,
bleibt uns treu, wie unser Schatten.

Heilung durch Diagnose

*Eine korrekt gestellte Diagnose
ist bereits die Therapie*

Je besser die Diagnose, desto weniger Therapie ist notwendig. Diagnose und Therapie stehen meiner Auffassung nach etwa in folgendem Verhältnis zueinander:

Hundertprozentige Diagnose IST Therapie, d. h., es ist keine Anschlusstherapie mehr nötig. Sechzigprozentige Diagnose erfordert 40 Prozent Anschlusstherapie. Dreißigprozentige Diagnose erfordert 70 Prozent Anschlusstherapie und so weiter. Anders formuliert: Wahre Diagnose schafft bereits Heilung, oder: Erkenntnis ist Heilung.

Diagnose könnte man auch mit »Schau des Wesentlichen« übersetzen.

DIE H-H-H-ÜBUNG: Diese ganz einfache Übung bringt Hirn, Herz und Hände in Einklang. Sie können sie überall und jederzeit durchführen – im Stehen, Sitzen oder Liegen. Es genügen einige Minuten. Herz steht für Gefühl und Intuition; Hirn steht für Gedanken, für Ihren Intellekt; die Hände stehen für Ihre Handlungen. Legen Sie eine Handfläche auf die Stirn, die andere auf die Mitte Ihres Brustkorbs. Finden Sie heraus, wohin Sie die rechte und wohin die linke Hand legen wollen. Lenken Sie Ihre Aufmerksamkeit an diese beiden Stellen. Beobachten Sie, was dort geschieht. Vielleicht bemerken Sie nach einiger Zeit gar keinen Unterschied mehr zwischen Handfläche und Körper. Was macht der pausenlose Monolog in Ihrem Kopf? Beruhigt er sich? Erleben Sie sich weicher, wärmer, bewusster?

Wenn Sie nach einiger Zeit entspannt sind, können Sie folgende Affirmationen sprechen, während Sie in Ihre Hände atmen:

Verstand und Gefühl sind im Gleichgewicht.

Intellekt und Intuition sind im Gleichgewicht.

Gedanken, Worte und Handlungen sind im Gleichgewicht.

Diese Übung können Sie auch mit einem vertrauten Menschen machen, in dessen Gegenwart Sie sich entspannen können.

Der Weg zu Gesundheit und Vitalität

Dieser Weg besteht aus vielen kleinen Schritten. Jeder bringt mich dem Ziel ein Stück näher, aber jeder Schritt, den ich nicht tue, trennt mich gleichzeitig vom Ziel. Will ich Vollkommenheit, muss ich jeden Schritt tun. Fehlt auch nur ein einziger, ist Vollkommenheit nicht möglich.

Der Weg beginnt damit, dass ich Falsches loslasse: Rauchen, Alkohol, Drogen, Cola, Limo und ähnliche Getränke. Übergewicht, mangelnde Bewegung und Beweglichkeit, falsche Freunde, unwesentliche Gespräche, flaches Atmen, falsche Gewohnheiten, falsche Identifikation, alles Unwesentliche, falsche Tätigkeit, falsche Partner, falsche Wohnung, falsches Selbstbild, negatives Denken, unnatürliche Kleidung, Unbewusstheit, kopfiges Leben, Schlafmangel, Krankheit, Ego, die Illusion des ICHS, Tod.

Eine Liste aufstellen: Was mache ich falsch? (So ziemlich alles?) Innehalten, als richtig Erkanntes sofort tun, bewusst leben, mich physisch und geistig rein ernähren, wesentlich werden, stimmig leben, mich natürlich verhalten und kleiden, in der Selbst-Identifikation denken, reden und handeln, meine Berufung verwirklichen, flexibel bleiben, den idealen Partner finden und mit ihm glücklich werden, nur noch Wortgeschenke machen, mich ausreichend bewegen, nur noch Gesegnetes essen und trinken, nur noch Segensreiches denken, sagen und tun, achtsam sein in jeder Situation, meine Vision erkennen und verwirklichen, richtig atmen und leben als Meditation, mich von der Freude führen lassen, mein Leben wirklich führen, leben als erwachter Gott.

Die Frage ist nicht, wie alt man wird,
sondern wie man alt wird!

Wahre Gesundheit ist ansteckend wie Heiterkeit und gute Laune. Lassen Sie sich anstecken.

Infizieren Sie sich mit Gesundheit und Vitalität.

Erinnerung an die Unsterblichkeit

Wahres Leben ist Sein. Leben altert nicht. Altern ist ein Zeichen von nicht wirklich leben. Die geheimnisvolle, Leben verlängernde und Freude spendende Substanz, die ich suche, ist ein lichtvolles Bewusstsein, das sich an seine Wirklichkeit er-innert.

Dieser unsterbliche Lichtkörper braucht spirituelle Nahrung, die die Molekular-Struktur des Körpers verändert und ständig regeneriert. So sollte ich nur noch Gesegnetes essen und trinken; nie mehr auf Batterie laufen, sondern ständig am kosmischen Netz hängen; erkennen, dass Altern unnatürlich ist und mit meinem wahren Wesen nicht im Ein-Klang steht. Meisterschaft über Atem und Denken führt zur Verjüngung der Zellen. Ich weiß, dass in dem Augenblick, in dem ich mir meines wahren Wesens bewusst bin, mein Körper sich verjüngt. Dieses Wissen ruht in jeder Zelle und wartet darauf, entdeckt zu werden.

Ich weiß, dass physische Unsterblichkeit meinem wahren Wesen entspricht. Sobald ich als Gott erwacht bin, liegt es in meiner Entscheidung, wie gesund und vital ich bin und wie alt ich werde. Durch die Identifikation mit meinem wahren Wesen bin ich »alterslos«. Der erste Schritt dahin ist, mich nicht mehr mit meinem Glauben an den Tod zu töten. Ich weiß, ich werde nie wieder so »tot« sein wie in diesem Augenblick. Ich weiß, jeder Tod ist selbst verursacht und somit eine Form von Selbstmord.

Ich weiß, dass physische Unsterblichkeit nicht etwas ist, das ich eines Tages erreichen werde, sondern eine Wirklichkeit, und ich kann mich jederzeit entscheiden, in dieser Wirklichkeit zu leben. Zu sterben ist ein tödlicher Irrtum. Unsterblichkeit ist das Zeichen dafür, dass der Gott erwacht ist. Glückseligkeit ist das Wahre Selbst. Es genügt jedoch nicht, das zu wissen, ich muss auch den Zellen dieses Bewusstsein vermitteln, indem ich den Bauplan im Bewusstsein ändere. Ich weiß, das Leben währt ewig, und ich bin das Leben. Ich bin eine ewig fließende Quelle der Lebendigkeit. Ich bin ins ewige Leben zurückgekehrt.

Als ersten Schritt zu mir selbst mache ich mir bewusst, was ich nicht bin. Ich bin nicht der Körper, nicht der Verstand und nicht mein Gemüt. Ich bin nicht der Name, den ich trage, und nicht die Rolle, die ich spiele. Ich bin der, der denkt und fühlt. Ich bin Bewusstsein. Ich bin ein bewusster Schöpfer aller Lebensumstände. Ich bestimme die Gesundheit meines Körpers, sein

Aussehen und seine Vitalität. Ich mache mir bewusst, dass ich meinen Körper in jedem Augenblick neu erschaffe. Ich habe die Wahl, das in diesem Augenblick bewusst zu tun. So erschaffe ich mir in meiner Vorstellung einen Körper nach meinen Wünschen. Ich gebe diesem von mir geschaffenen Körper die Eigenschaften, die Kraft, das Alter und die Gesundheit, die er haben soll.

Ich benutze meine Schöpfungskraft, um ein klares und vollständiges Bild des erwünschten Körpers zu schaffen. Ich lasse mir dabei Zeit und bin sehr gründlich, denn ich weiß, das Ergebnis wird dem Bild entsprechen, das ich jetzt schaffe.

Ich versetze den so geschaffenen Körper mithilfe meiner Vorstellungskraft jetzt in meine Gegenwart, erlebe meinen neuen Körper in immer neuen Situationen meines derzeitigen Lebens. Ich vergewissere mich, dass er alle Eigenschaften und Fähigkeiten hat, die ich ihm geben wollte, und lasse diesen neuen Körper jetzt lebendig werden. Sobald ich ganz zufrieden bin mit meinem neuen Körper, nehme ich ihn in Besitz, indem ich in ihn eintrete. Ich lasse ihn als meinen derzeitigen Körper lebendig werden, indem ich als dieser Körper atme. Mit jedem neuen Atemzug entstehen neue Zellen nach dem jugendlichen Energiemuster meines neuen Körpers in meinem physischen Körper. In zwei bis drei Jahren ist mein neuer Körper vollständig zu meinem phy-

sischen Körper geworden, hat sich vollständig manifestiert. Dieser neue Körper bleibt ewig jung und ist unsterblich.

Das Gesetz des Wohlstandsbewusstseins

Ein wichtiger Schritt zum Erfolg ist, das »Wohlstandsbewusstsein« zu entwickeln. In unserem Bewusstsein kann immer nur ein Gedanke gleichzeitig sein. Das ist sowohl eine Begrenzung als auch eine wunderbare Chance, wenn Sie dafür sorgen, dass es der richtige Gedanke ist. Man muss sich resonanzfähig machen für den Erfolg. Machen Sie sich bewusst, dass nur das in Ihrem Leben wirksam ist, was Sie denken und glauben. Wissen allein bewirkt noch nichts. Ihr Leben entspricht nicht dem Umfang Ihres Wissens, sondern dem Inhalt Ihres Denkens und Glaubens.

Wohlstandsbewusstsein zu entwickeln beginnt damit, dass ich das Mangelbewusstsein loslasse. Das geschieht durch die Erkenntnis, dass mich Fülle umgibt und nur darauf wartet, für mich in Erscheinung zu treten. Was für mich in Erscheinung treten will, kann aber nur durch mich Wirklichkeit werden. Sobald ich das erkannt habe und weiß, dass ich mich in Wirklichkeit nur innerlich dafür öffnen muss, bin ich wieder im Wohlstandsbewusstsein. Mangelbewusstsein besteht darin zu glauben, etwas müsse geändert, verbessert, optimiert werden. Solange ich das glaube, wird der Mangel auch sichtbar bleiben, begleitet mich durch mein Leben, bis ich mein Bewusstsein ändere.

Ihr derzeitiges Einkommen, der Stand Ihres Bankkontos, Ihr persönlicher Erfolg ist das Ergebnis einer oft unbewussten geistigen Formel, die in Ihrem Inneren wirksam ist. Diese Formel ist meist das Ergebnis einer Konditionierung durch die Umwelt. Aber es ist natürlich jederzeit möglich, diese innere Formel zu ändern, sodass sie für Sie und nicht mehr gegen Sie arbeitet. Vielleicht erscheint es Ihnen zunächst unglaublich, dass eine innere Formel einen solchen Einfluss auf Ihr Leben haben soll, aber es ist eine Tatsache. Geändert wird diese Formel, indem ich mir zunächst meine derzeitige Formel bewusst mache. Dabei werde ich die Feststellung machen, dass sie meistens nicht mehr meinem derzeitigen Maßstab entspricht. Nun brauche ich mir nur noch meine derzeit gültige innere Formel bewusst zu machen und zu bejahen, und im gleichen Augenblick beginnt sie, unaufhörlich für mich zu arbeiten.

Wenn Sie es sich nicht vorstellen können, dass auch Sie solche begrenzenden Vorstellungen in sich tragen, dann gehen Sie, am besten schriftlich, alle Ihre verschiedenen Lebensbereiche in Gedanken durch und schreiben auf, wovon Sie in dem jeweiligen Bereich überzeugt sind. Schreiben Sie nicht auf, was Sie in diesem Bereich denken sollten oder wollen, sondern wovon Sie zutiefst überzeugt sind. Schreiben Sie diese Vorstellungen und Überzeugungen auf die linke Seite eines Blattes, meistens werden Sie mehrere Blätter brauchen, und auf die rechte Seite schreiben Sie dann eine entsprechende neue Überzeugung, die Ihrem jetzigen Wertmaßstab entspricht. Das könnte so aussehen:

Man kann im Leben nicht alles erreichen.	Ich erreiche im Leben, was immer ich will.
Es ist schwer, wirklich gute Freunde zu finden.	Ich bin selbst ein guter Freund und finde viele Freunde.
Man kann sich nicht alle Wünsche erfüllen.	Ich erfülle mir jeden Wunsch, der mir wirklich wichtig ist.
Erfolg zu haben ist mühsam.	Erfolgreich sein macht Freude.
Ich habe nie genug Zeit für das, was ich tun will.	Ich habe immer für alles genügend Zeit.
Krankheiten sind unvermeidbar.	Die Harmonie meines Bewusstseins bestimmt meine Gesundheit.

Man wird im Leben immer wieder enttäuscht.	Ich gestalte frei die Umstände meines Lebens.
Im Leben geht nicht immer alles glatt.	Es geschieht immer genau, was ich verursache.
Man kann nicht immer so, wie man will.	Ich kann alles, was ich wirklich will.
Seinem Schicksal kann man nicht entrinnen.	Ich bestimme mein Schicksal selbst.
Mit den Jahren wird Freude immer seltener.	Mein Leben wird immer erfüllender.
Die Jugend geht viel zu schnell vorbei.	Man ist so jung, wie man sich fühlt.

Wirklichkeit und die
Macht der Gedanken

Wir leben in zwei Welten zugleich: der »inneren Welt« unserer Gedanken, Gefühle, Ideale, Wünsche und Ziele und der »äußeren Welt« der Menschen, Dinge, Orte, Situationen, Ereignisse und Wirkungen.

Die Ursache liegt also innen, und außen zeigt sich die Wirkung. Statt nun, wie es natürlich wäre, die äußere Welt als Spiegel zur Kontrolle der verursachten Wirkungen zu nehmen, benutzen wir die innere Welt als Spiegel, indem wir dort auf die Wirkungen der äußeren Welt reagieren, indem wir uns ärgern oder freuen.

Wir beginnen genau in dem Augenblick, unsere Wirklichkeit und alle Lebensumstände bewusst zu erschaffen, wo wir aufhören, fortwährend auf sie zu reagieren.

Der erste Schritt in ein neues und erfolgreiches Leben ist lächerlich einfach. Sie brauchen nur anzufangen, Ihre Gedanken zu beobachten. Bevor Sie eingreifen, machen Sie sich durch Beobachten bewusst, was Sie gerade denken. Denn Sie bekommen nicht das, was Sie sich dringend wünschen oder brauchen, sondern das, was Sie sich erdenken. Sie brauchen nicht zu hoffen oder zu wünschen, und auch hart zu arbeiten ist Zeitverschwendung und wird Sie nicht wirklich weiterbringen, es sei denn – SIE ÄNDERN IHR DENKEN.

Ein Gedanke muss allerdings einige Male wiederholt werden, bevor er Ihr Bewusstsein verändert. Sich zwei- bis dreimal mit einer Sache zu befassen reicht nicht aus, Henry Ford hat einmal gesagt:

»Eine Sache entwickelt sich wie von selbst, wenn man STÄNDIG daran denkt. Wenn Sie also Erfolg unvermeidbar machen wollen, dann schaffen Sie sich durch ständiges zielgerichtetes Denken das Bewusstsein eines Erfolgreichen.«

Auf der materiellen Ebene tritt das in Erscheinung als:
Erfolg, Ansehen, Macht und Ruhm.

Auf der körperlichen Ebene als:
Kraft, Gesundheit und Wohlgefühl.

Auf der seelischen Ebene als:
Lebensfreude, Harmonie, Glück und Liebe.

Auf der geistigen Ebene als:
Bewusstseinserweiterung, Erkenntnis und Weisheit.

Machen Sie sich bewusst: Sie sind ein Gewinner. Sie können gar nicht verlieren. Das ganze Leben, alles was ist, will Ihnen nur dienen und helfen, ist für SIE da, bis Sie gewonnen haben. Das mentale Training ist ein geistiges Werkzeug, das absolut zuverlässig funktioniert. Was nicht immer so zuverlässig funktioniert, ist der Mensch! Deshalb ist es so wichtig, dass wir uns selbst als Werkzeug optimieren.

Sie brauchen keine geheimen Einweihungen oder entbehrungsreichen Jahre im Himalaja, um diese Fähigkeiten zu aktivieren und sie in Ihrem Leben anzuwenden. Sie benutzen sie bereits, auch wenn Sie sich dessen nicht bewusst sind.

Fülle ist ein natürliches Gesetz des Universums. Überall ist die Natur geradezu verschwenderisch großzügig. Und doch ist ebenso offensichtlich, dass es vielen nicht gelingt, an dieser Fülle teilzuhaben, weil sie ihre innere Überzeugung, ihren Glauben damit nicht in Übereinstimmung bringen können. Sie haben in ihrem Bewusstsein ein Bild von Mangel, fühlen sich nicht wirklich wert, an der Fülle der Schöpfung teilzunehmen.

Menschliches Dasein ist nicht als Last und Bürde, als Krankheit und Leiden, als Streit und Krieg, als Mangel, Not und Angst gemeint!

Noch nie hat es jemand geschafft, mit einem Mangelbewusstsein im Wohlstand zu leben. Das eine schließt das andere absolut zuverlässig aus, aber ebenso zuverlässig zieht das Bewusstsein das an, was es beinhaltet.

Ein nicht zu unterschätzendes Erfolgshindernis ist es, zu »arbeiten«. Sollten Sie sich gelegentlich dabei ertappen, dass Sie noch arbeiten, dann sollten Sie das schleunigst ändern. Menschen, die arbeiten, können nicht erfolgreich sein, ich meine wirklich erfolgreich, und das wollen Sie doch, oder? Also hören Sie auf zu arbeiten! Fangen Sie an, das zu tun, was Ihnen wirklich Freude macht. Was man mit Freude tut, das tut man in der Regel auch gut, und was man gut tut, das wird auch gut bezahlt.

Arbeit ist alles, was keinen Spaß macht, sonst wäre es ja Freude, und wer schaut dabei auf die Uhr? Für Freude gibt es auch keinen Feierabend, und Urlaub haben Sie dann ohnehin immer. Wenn Ihnen also Ihre Tätigkeit keinen Spaß macht, dann machen Sie irgendetwas falsch – und das sollten Sie schnellstens ändern. Das heißt nicht, gleich alles zu lassen, was Sie tun, und nur noch zu tun, wozu Sie gerade Lust haben. Das würde bald zur Last werden. Prüfen Sie vielmehr, welche Tätigkeit in Ihrem Leben noch Arbeit ist, machen Sie sich bewusst, was Sie lieber täten, und schaffen Sie sich die Möglichkeit, genau das zu tun. Lassen Sie sich Zeit, und stellen Sie Ihr Leben gründlich um, sodass die Tätigkeit zur Lust wird, zu einem erfüllenden Ritual, mit dem Sie sich immer näher kommen. Mit dieser Einstellung gehen Sie nie in Pension oder Rente, denn weshalb sollten Sie die Erfüllung Ihres Lebens mit einem bestimmten Alter beenden?

Machen Sie sich bewusst, dass Sie gekommen sind, um im Wohlstand zu leben, und dass dazu gehört, dass es bei Ihnen in allen Lebensbereichen wohl steht. Prüfen Sie einen Bereich nach dem anderen, und beseitigen Sie jeden Mangel. Zum wirklichen Wohlstand gehört: Gesundheit, ein glückliches Familienleben, gute Freunde, ein Beruf, der wirklich Berufung ist, genügend Geld und genügend Zeit für alles, was Ihnen wichtig ist, Erfolg, richtig lachen zu können, Freiheit, schöne Erinnerungen, reiches inneres Erleben, loslassen können, Offenheit, Ehrlichkeit, besonders sich selbst gegenüber, echt und authentisch sein, die Wirklichkeit hinter dem Schein zu erkennen und mit den Jahren allmählich weise zu werden und damit möglichst früh anzufangen.

Zum wahren Wohlstand gehört auch, den Erfolg nicht um des Erfolges willen zu haben, sondern über den Erfolg zur Erfüllung zu kommen. Und Erfolg stellt sich ganz von selbst ein, wenn Sie wirklich vermögend sind. Vermögend ist nicht der, der viel hat, sondern der, der etwas vermag, und wer viel vermag, der ist sehr vermögend. Wenn Sie dafür sorgen, dass Sie in diesem Sinne immer vermögender werden, dann folgt Ihnen der Erfolg, deshalb heißt er ja Er-folg und nicht Er-kämpf oder Er-zwing. Laufen Sie dem Erfolg nicht mehr nach, sondern sorgen Sie dafür, dass der Erfolg Ihnen folgt. Erwarten Sie Erfolg, und fühlen Sie sich wert, jetzt und hier Erfolg zu haben – in jeder Beziehung. Machen Sie sich bewusst, dass dies eine schöne Welt ist, zu Ihrer Freude geschaffen. Genießen Sie sie! Fangen Sie an, Ihr Leben wirklich zu führen!

Das Gesetz des Glaubens

Alle Dinge sind möglich dem,
der da glaubt. Markus 9,23

Um wirklich erfolgreich zu sein, muss man an sich selbst und an seinen Erfolg glauben. Wir glauben zu viel an den praktischen Wert des Wissens und wissen zu wenig vom praktischen Wert des Glaubens. Jede Vorstellung, Erwartung oder Hoffnung verändert die Wirklichkeit. Die Erwartung, dass ein Ereignis eintritt, erhöht die Wahrscheinlichkeit des Eintretens. Das zeigt der so genannte Rosenthal-Effekt, benannt nach dem amerikanischen Psychologen Robert Rosenthal, der in einer Fülle von Experimenten nachgewiesen hat, dass der Experimentator auf das Ergebnis seines wissenschaftlichen Versuchs durch seine Erwartung Einfluss nimmt. Das, was er erwartet, tritt mit höherer Wahrscheinlichkeit ein. Dieser Zusammenhang zwischen Erwartung und Ereignis ist statistisch gesichert.

Schon Jesus sagte: »Dir geschehe nach deinem Glauben.« Dieses geistige Gesetz gilt auch heute noch. Sorgen wir also dafür, dass wir stets das Richtige glauben, denn die Geisteskraft des Glaubens verbindet uns mit der schöpferischen Urkraft des Universums, sodass nichts mehr unmöglich ist. Machen wir uns Folgendes bewusst:

Wissen stellt Tatsachen fest, Glaube schafft Tatsachen

Glaube ist eine innere Gewissheit, die nicht von äußeren Beweisen abhängig ist, sondern vom Erkennen und Bejahen der inneren Wahrheit und Wirklichkeit. Wahrer Glaube ist die absolute innere Gewissheit, dass das Geglaubte in Erscheinung treten muss, wenn ich mein Bewusstsein immer wieder darauf richte.

Wie aber kommt man zu diesem Wunder wirkenden Glauben? Da ist zunächst der königliche Weg der Erkenntnis. Sie können sich die geistigen Gesetze und ihre Gültigkeit und Wirksamkeit bewusst machen und über die Anwendung dieser Gesetze zu diesem erfüllenden Glauben finden. Dazu bedarf es der steten Wiederholung, bis der Glaube zur Gewissheit geworden ist. Je nach Art Ihres Glaubens arbeitet dieser für oder gegen Sie, denn die Kraft des Glaubens verwirklicht das, wovon Sie innerlich fest überzeugt sind.

Glaube ist also nicht nur wiederholte Bejahung, sondern das Erkennen und Annehmen der inneren Wirklichkeit. Auch wer nicht glaubt, glaubt ja in Wirklichkeit, nur eben das Gegenteil des Erwünschten. Zweifel ist Glaube, der gegen Sie arbeitet. Lenken Sie diese Kraft des Glaubens auf Ihr Ziel, und wiederholen Sie dieses immer wieder. Auf diese Weise schaffen Sie eine innere Wirklichkeit, die außen in Erscheinung treten muss! Dieses wiederholte gläubige Bejahen löst schließlich alle Hindernisse auf und verwirklicht das gläubig Bejahte.

Alle Dinge sind möglich dem, der da glaubt

Glaube ist eine höchst intelligente Sache, denn im Glauben liegt die Bereitschaft, die Unbegrenztheit des menschlichen Geistes anzuerkennen. Dazu gehört natürlich auch der unerschütterliche Glaube an mich selbst. Daran, dass ich es wert bin, erfolgreich zu sein, und dass ich bereit bin, diesen Erfolg anzunehmen. Der unerschütterliche Glaube an Erfolg ist also eine wichtige Voraussetzung für diesen. Vor Jahren hat der Soziologe Robert Morton den Begriff der »sich selbst erfüllenden Prophezeiung« geprägt. Er hat erkannt, dass

Prophezeiungen, eigene oder fremde, in hohem Maße unser Leben bestimmen. Sie beeinflussen alle Bereiche unseres Lebens, unsere Gesundheit, unseren beruflichen Erfolg, unsere partnerschaftliche Erfüllung, unsere ganze Entwicklung.

Deshalb ist dieser Schritt zum Erfolg so wichtig, ja unverzichtbar. Der unerschütterliche Glaube daran, dass ich keinen Wunsch haben kann, ohne die Möglichkeit, ihn auch zu verwirklichen. Aber auch der unerschütterliche Glaube daran, dass ich erfolgreich sein werde, einfach, weil ich vorher nicht aufgebe. Der Glaube ist die Grundlage aller Wunder und Geheimnisse, die die wissenschaftliche Logik nicht erklären kann. Der Glaube ist das zuverlässigste Mittel gegen Misserfolg. Über diesen Glauben an die Macht des Glaubens haben schon viele gelacht – aber es sind nicht die Erfolgreichen, die lachen!

Doch der festeste Glaube muss wirkungslos bleiben, wenn ich die Erfüllung in die Zukunft verlege, während in der Gegenwart mein Bewusstsein auf den Mangel gerichtet ist. Erst wenn mich jetzt Gedanken der Verwirklichung erfüllen, ist der Weg für die schöpferische Urkraft frei, kann ich Erfüllung jetzt erfahren.

Die positiven Impulse, die das Negative in Ihnen auflösen, entspringen Ihrem Glauben. Glauben und Denken sind wechselseitig voneinander abhängig. Ein bestimmter Glaube nährt ein bestimmtes Denken und bringt dieses hervor, während dieses Denken seinerseits den entsprechenden Glauben stärkt. Diesen Prozess gilt es im Negativen zu durchbrechen und im Positiven anzuregen.

Wer wirklich glaubt, woran auch immer, setzt dadurch ungeheure Energien frei, die das scheinbar Unmögliche ermöglichen. Der wahrhaft Glaubende hat die Macht, alles zu erwerben oder sich von allem zu trennen.

Erst durch den Glauben wird die Vorstellungskraft mächtig und vollkommen, und jeder Zweifel schwächt ihre Vollkommenheit. Der Glaube stärkt die Vorstellungskraft, denn der Glaube bringt den Willen hervor.

Glaube darf darum nicht zaudern oder wanken. Sie müssen sich ganz auf das konzentrieren, was Sie erreichen wollen. Denken Sie nicht heute ja und morgen nein. Für alles, was Sie erlangen wollen, müssen Sie mit dem Gold Ihres eigenen Glaubens bezahlen.

Der Wunsch zeigt das Ziel, der Glaube den Weg!

Fels in der Brandung

»Inneres Wetter« bewusst bestimmen

Rechte Haltung: Jeder wird nach seinem Benehmen behandelt. Wer die gebeugte Haltung eines
Bittstellers einnimmt, wird von der Umwelt entsprechend behandelt. Wer Überlegenheit zeigt, sich wie
ein Sieger verhält, aufgerichtet und doch bescheiden,
der wird als Großmacht behandelt. Der Erfolgreiche
steht innerlich über dem Konventionellen, ohne es zu
verletzen. Seine Haltung und sein Benehmen sind
Ausdruck inneren Herrschertums und machen ihn
überall zum Mittelpunkt. Diese Stellung ist ihm und
den anderen als etwas ganz Selbstverständliches bewusst.

Rechter Blick: Das Auge des Lebensschülers soll die
Lichtwärtsgerichtetheit seiner Hoffnungen und seine
freundliche Haltung zur Umwelt offenbaren.

Rechte Gesten: Jede Geste ist eine Selbstanzeige des Charakters, des geistigen Zustands, der Erziehung. Abstoßende Gesten können durch Selbsterziehung in sympathische verwandelt werden. Gesten, die Schwäche verraten, sind zu meiden. Hände, die gern Knöpfe abdrehen oder sonst Unnützes treiben, werden beim Sitzen gefaltet, beim Gehen und Stehen häufig auf den Rücken gelegt: Ausdruck der Ruhe und besonnenen Sicherheit.

Rechtes Auftreten: Wie ein Mensch auftritt, tritt er wieder ab. Das Auftreten darf nie Bluff sein, nie Überfall, denn diesem folgen negative Reaktionen. Es muss ebenso überlegen wie zurückhaltend sein, Spiegel eines Menschen, der weiß, was er will, und der weiß, dass er das, was er will, auch erreicht.

Rechter Gang: Auch beim Gehen kommt es auf das Auftreten an. Der sichere, gleichmäßige Gang kündet den Überlegenen, Selbstbewussten an, das Leisetreten den Ängstlichen oder Versteckten, der zierliche Gang den Leichtlebigen, der rasche Gang den Lebhaften, der schleichende Gang den Misstrauischen oder Berechnenden. Man schwenke beim Gehen nicht den Oberkörper hin und her, weil das Unsicherheit verrät, und vermeide Äußerungen der Hast oder Unruhe, da diese sich leicht auf andere übertragen.

Rechter Händedruck: Die Hände sollen warm, fest, geschmeidig und magnetisch sein. Das wird einerseits durch Pflege erreicht, andererseits durch die Sonnen-Übung. Unser persönlicher Magnetismus kann beim Händedruck auf andere übertragen werden: Es gilt, beim Händedruck unsere Gedanken durch die Telegrafendrähte der Nerven vom Hirn in die Fingerspitzen und von dort auf den anderen zu übertragen, wobei der Kreis durch den Blick geschlossen wird. Im Blick wie im Händedruck soll Gernhaben zum Ausdruck kommen. Dabei wird die Hand des anderen möglichst ganz umschlossen, nur eine Sekunde fest gedrückt. Man vermeide den schlaffen, nichts sagenden Händedruck ebenso wie den übertriebenen Boxer-Händedruck.

Richtig sehen heißt bewusst sehen: Je bewusster wir sehen, desto nachhaltiger prägt sich das Wahrgenommene unserem Unterbewusstsein ein und umso gründlicher wird es verarbeitet. Wenn wir einen Menschen ansehen, müssen wir seinen Gesichtsausdruck, die hervorstechenden Merkmale darin, seine Haltung, die Art der Kleidung, des Aussehens und des Auftretens mit einem Blick umfassen und erfassen. Wenn wir ein Haus ansehen, müssen wir mit geschlossenen Augen die Hauptmerkmale, durch die es sich von anderen unterscheidet, vor uns sehen. Wenn wir eine Maschine schen, müssen wir, auch ohne Fachmann zu sein, die Arbeitsweise der Maschine erfassen und uns später vergegenwärtigen können.

Richtig sehen heißt denkend sehen: Es heißt, Tatsachen Rechnung tragen und zugleich die Möglichkeit des Unmöglichen erwägen, im Geiste Versuche anstellen und praktisch denken. Was man deutlich ansieht, tritt aus dem ungewissen Nebel der Umwelt heraus, wird klar erkennbar, wird von Vermutung zur Gewissheit.

Richtig sehen heißt natürlich sehen: Es heißt, wie ein Kind sehen, mit offenen Augen, Kleinstes wie Größtes wichtig nehmen. Vielleicht ist gerade die Aufgabe, mit der wir uns befassen, Ausgangspunkt umwälzender neuer Erkenntnisse oder Entdeckungen. 99 Menschen gehen gedankenlos an einer Sache vorüber, bis der 100. genauer hinsieht, ihren Wert erkennt, sie sich zu Nutze macht und damit ein Vermögen erwirbt. Die Welt ist voller Möglichkeiten, nutzbringender Ideen, ungeborener Erfindungen und unausgenutzter Aufstiegsmöglichkeiten. Sie fallen denen zu, die die Augen offen halten und zugreifen. Jeder kann etwas Besseres finden oder schaffen, etwas Ungewöhnliches erreichen. Er muss richtig sehen, tiefer eindringen, klarer urteilen, plastischer denken, entschlossener handeln.

Richtig sehen heißt konzentriert sehen: Die meisten träumen beim Sehen, ihr Blick ist zerstreut, nie scharf auf einen Beobachtungsgegenstand eingestellt. Infolgedessen ist ihr Gedächtnis schlecht. Nur was man genau sieht, dringt ins innere Auge und bleibt als Erinnerung haften. Sich über das, was man sieht, Rechenschaft abzulegen erzieht zum Beobachten.

Richtig sehen heißt mit Interesse sehen: Der Erfolgreiche überlegt bei allem, was er sieht, ob es sich in seinem Beruf, seinem Arbeitsfeld erfolgreich verwenden lässt. Interesse führt zum raschen Erfassen des Wesens der Dinge. Der Mann, der eine fremde Frau begrüßt hat, ist selten im Stande, ihr Kleid zu beschreiben, seine Frau dagegen hat es registriert. Warum? Ihr Interesse ließ sie das Zehnfache sehen. Es gilt, die Phantasie zu gebrauchen, die große Wegbahnerin der Zivilisation. Ohne Phantasie kann man nichts Neues finden, nicht zum Erfolg kommen. Wir müssen die Dinge anschauen, als sähen wir sie zum ersten Male.

Richtig sehen heißt überlegend sehen: Es heißt, sich höchste Aufmerksamkeit zur Gewohnheit zu machen. Ohne Aufmerksamkeit kein Wahrnehmen, ohne Wahrnehmung keine Erkenntnis, kein Schaffen neuer Möglichkeiten. Es gilt, allem mit Fragen zu begegnen. Wieso, warum, wozu? Alles zur Informationsquelle machen, die Dinge selbst antworten lassen, notfalls Fachleute befragen und bei allem, was man sieht, nachdenken. Denn überlegen macht überlegen.

Richtig sehen heißt selbstständig sehen: Wer anderen nachbetet, verrät, dass er Schlaueren zum Opfer fällt. Das Sehen der meisten ist hörig und erstarrt. Der Lebenskünstler gewöhnt sich daran, nichts als selbstverständlich anzusehen, nichts kritiklos hinzunehmen, keinen Meinungen oder Seh-Voreingenommenheiten zum Opfer zu fallen, sondern allen Dingen mit gesundem Menschenverstand und wissenschaftlicher Gründlichkeit nachzuspüren. Richtig sehen heißt: Tatsachen neu sehen oder neue Tatsachen sehen.

Richtig sehen heißt Zusammenhänge sehen: Und das heißt, nicht nur mit den Augen, sondern auch mit dem Geist sehen, das Gesehene im Herzen bewegen, den Wust von Gemeinplätzen des Sehens und Denkens durchdringen und von bloßen Ansichten unbelastet zur Einsicht und Übersicht gelangen, zu rechter Wertung, Bewertung und Nutzung. Es heißt, das Unerwartete voraussehen und ihm zuvorkommen, vor-sichtig sehen. Vorher richtig sehen, statt sich nachher den Schaden besehen. Es heißt, alle Umstände berücksichtigen, nicht nur die Vorderfront, sondern auch den Rücken der Dinge besichtigen.

Richtig sehen heißt nichts übersehen: Es gilt, auch das unwichtig Erscheinende wichtig zu nehmen. Die Augen müssen Fernrohr und Mikroskop unserer Wissbegierde sein. Wie sollte ein Dichter die Kleinmalerei, die wir an seinen Werken bewundern, fertig bringen ohne das Vermögen, dort etwas zu sehen, wo andere nichts sehen oder das Ungewöhnliche gewöhnlich sehen? Der geniale Mensch ist der, der Augen hat für das, was vor seinen Füßen liegt. Er sieht in allem noch ungelöste, nach Lösung schreiende Probleme.

Richtig sehen heißt schöpferisch sehen: Es gilt, den inneren Spürsinn, den Kriminalisten oft haben, ebenso zu betätigen wie den inneren Bau-Sinn, der Situationen blitzartig erfasst, die Dinge in Gedanken umstellt, um Schwierigkeiten zu lösen und neue Worte zu schaffen. Es gilt, Dinge, Menschen und Umstände mit Verständnis anzusehen und sich nicht von ihnen beherrschen zu lassen, sondern sie mit der Seele zu meistern, günstige Gelegenheiten als solche zu erkennen und zu nutzen oder sie zu schaffen.

Richtig sehen heißt wertend sehen: Es heißt, den Dingen ihren rechten Wert, ihren Preis zu geben. Es ist von Nutzen, wenn man weiß, was eine Sache kostet – an Geld wie an Mühe. Wertend sehen heißt zugleich, Mängel sehen und Möglichkeiten ihrer Abstellung, Be dürfnisse erkennen, gewahr werden, woran es fehlt und wodurch anderen genützt werden kann. Diese Bedürfnisse befriedigen schafft oft neue Berufe und Einnahmequellen. Es heißt weiter, Leerlaufarbeit, Kraftvergeudung, Materialverschwendung zu erkennen und abzustellen wissen. Arbeitsgänge vereinfachen oder die Dinge verbessern heißt aber, sich selbst wertvoller machen, durch Leisten leiten, durch Dienen verdienen.

Richtig sehen heißt Reichtum sehen und schaffen: Schon mancher wurde reich dadurch, dass er genauer hinsah als andere. Im Wort Erfinden liegt das Finden. Um zu finden, muss man die Augen aufmachen. Da gewahrte einer die Unzweckmäßigkeit des Flaschenkorkens, überlegte, fand und erfand den Bierflaschenverschluss – ein bisschen Draht, Porzellan und Gummi – und wurde Millionär. Tausend ähnliche Erfindungen haben ihren Schöpfern oder denen, die die Erfindung auswerteten, große Vermögen gebracht. Ihre Aussichten sind keineswegs geringer, tausend kleine und große Erfindungen harren noch des Meisters, der seinen Sehsinn schulte.

Richtig sehen heißt wirtschaftlich sehen: Es heißt praktisch und zweckmäßig sehen und denken. Richtig sehen bringt Gewinne, es ermöglicht uns, schneller als andere zu denken und zu handeln, geistig Trägen zuvorzukommen, aus Fehlern anderer zu lernen, besser aufzupassen, Täuschungen zu vermeiden und Enttäuschungen zu entgehen, den Erfolgssinn immer lebendiger zu betätigen. Oft heißt es, in etwas Alltäglichem etwas Besonderes zu sehen.

Richtig sehen heißt Einsicht erlangen: Es heißt, Letztes und Höchstes, das Innere der Natur schauen, den Geist des Lebens in und hinter allem wirken sehen. Die geistige Schläfrigkeit und Blindheit ist es, die die meisten unfrei macht und verzweifeln lässt. Sie leben nicht, sie erleiden das Leben und leiden am Leben. Darum müssen wir sehen lernen. Dann sehen wir: Es gibt unendlich viel Glück in der Welt. In jeder Sekunde brandet die Flutwelle des Glücks tausendmal um den Erdball. Nur wer schlecht sieht, erblickt überall Weh, weil er den Sinn nicht sieht. Wer aber richtig sieht, erkennt den Glücks-Sinn und die hohe Bestimmung allen Seins, erkennt, dass die Welt so ist, wie er sie ansieht.

So viele Lebensblinde – so viele Unglückliche. Alle äußeren Nöte haben ihre Wurzeln im Innern – im inneren Blindsein oder im falschen Sehen und Denken. »Das Licht der Welt schaut jeder, der sieht. Die Welt des Lichts aber sieht nur, wer schaut.«

Entwickeln Sie Charisma

Charisma ist die Ausstrahlung eines Menschen, und ausstrahlen kann nur etwas, das da ist, und das ist das Wesen des Menschen, sein wahres Selbst. Die Ausstrahlung konzentriert sich, wenn sie sich in einer bestimmten Aufgabe, einer Mission ausdrückt.

Das Wort »Charisma« ist griechisch und bezeichnet die Fähigkeit, die Aufmerksamkeit auf sich zu lenken, dort zu halten und Erfolg zu haben. Das Wort ist verwandt mit dem Wort »Charis«, der Göttin des Geheimnisvollen und der Nächstenliebe. Wir sprechen von Charisma, wenn ein Mensch eine starke Ausstrahlung hat und damit auf andere anziehend wirkt. Charisma ist nicht an Alter, Geschlecht, Position oder Leistung gebunden. Es ist auch keine besondere Gabe, die ein freundliches Schicksal wenigen Auserwählten schenkt, sondern kann von jedermann entwickelt werden. Es tritt natürlicher in Erscheinung, je echter, ehrlicher und authentischer ich bin, mit einem Wort, je mehr ich ICH SELBST bin.

Ich habe viel Charisma, wenn ich im Einklang mit

mir selbst und dem Leben, auch dem Augenblick bin, wenn ich »synchron« mit dem Zeitstrom lebe. Wenn ich voll im Lebensfluss stehe, ganz in meiner Mitte bin. Wenn mein Bewusstsein ganz weit ist und damit viele erreicht. Ich habe kein Charisma, wenn ich ganz eng bin, wenn ich Angst habe, wenn ich mich nicht traue, ich selbst zu sein. Wenn ich voll bin mit Bildern, Programmen, Vorstellungen und mich dadurch vom Leben entferne, von dem, was JETZT ist. In dieser Enge hat mein Wesen und damit das Leben keine Ausdrucksmöglichkeit.

Sobald ich mich mit mir selbst identifiziere und im Einklang mit mir lebe, wirkt mein ganzes Tun charismatisch. Ich sollte ganz im Hier und Jetzt leben und offen sein für die Qualität des Augenblicks. Dann fallen mir auch die günstigen Zufälle zu, Türen öffnen sich, die anderen verschlossen bleiben. So habe ich auch in jedem Augenblick die Kraft, die erforderlich ist, das Notwendige zu tun. Diese Dinge fallen mir aber nicht zu, wenn ich gar nicht da bin. Was nützt mir die Fülle der Schöpfung, wenn ich ein Bewusstsein wie ein Fingerhut habe?

Zuerst muss ich also lernen, mich selbst als faszinierende Persönlichkeit zu betrachten, mich zu erkennen, mich so anzunehmen, ja zu lieben, wie ich bin, aus der Erkenntnis heraus, dass sich das Höchste Bewusstsein dadurch zum Ausdruck bringen möchte. Nur so wie ich bin, kann ich meinen Platz ausfüllen, und nur als ich selbst kann ich von meinem Platz aus den nächsten Schritt tun. Erkennen Sie sich also als die einzigartige Persönlichkeit, die Sie sind, voll von Tatkraft, Möglichkeiten und voller Liebe. Liebe ist Ihr wahres Wesen.

Die natürliche Wirkung dieser einzigartigen Persönlichkeit ist die Ausstrahlung und Überzeugungskraft, die wir Charisma nennen. Charisma ist nichts anderes als die Verwirklichung der wahren Persönlichkeit, des ICH BIN. Kein anderer hat Ihre Anlagen, Talente und Fähigkeiten – Sie sind einzigartig. Noch nie hat es einen solchen Menschen gegeben, und nie mehr wird es einen solchen geben. Sie sind einzigartig, einmalig, faszinierend und EINS MIT DEM EINEN.

Aus dieser Einmaligkeit strahlen Sie Liebe, Selbst-Bewusstsein, Tatkraft und Hoffnung aus, sind anderen Chance, ebenfalls zu sich selbst zu finden. Sie sind ein lebender Beweis dafür, dass es möglich ist, jetzt und hier. Sie wissen, dass Ihr wahres Selbst weder geboren wurde noch sterben wird. Sie waren immer und werden immer sein. Sie können nicht alt werden oder krank, Sie sind vollkommenes Bewusstsein, ein Individuum, ein ungeteilter Teil des Einen. Der Kontakt zu Ihnen ist für jeden ein Gewinn und eine Freude.

Und Sie wissen, dass Sie noch nie etwas falsch gemacht haben, auch wenn Sie es heute anders machen würden. Sie geben in jedem Augenblick Ihr Bestes und wissen, dass auch JETZT alles, was Sie tun, wichtig und richtig sein wird.

Aus diesem Selbst-bewusst-Sein heraus geben Sie niemandem die Schuld für etwas, was Ihnen widerfährt. Solange man Dingen und Ereignissen Schuld gibt, haben sie Macht, über einen zu bestimmen. Das Zentrum der Macht aber sind Sie, Herr Ihres Schicksals und Ihrer Lebensumstände, und natürlich tragen Sie allein die Verantwortung für alles, was Ihnen widerfährt.

Aus diesem Selbst-bewusst-Sein heraus treffen Sie immer die richtigen Entscheidungen. Sie strahlen Ruhe und Überlegenheit aus, denn Sie wissen, dass alles Ihnen nur dienen und helfen will. Sie sind ein Gewinner, Sie können gar nicht verlieren. Und so finden Sie in jedem Augenblick die richtigen Freunde und Mitarbeiter.

Nach dem Gesetz der Resonanz ziehen Sie alles und jeden an und lassen los, was nicht mehr wirklich zu Ihnen gehört. Sie gehen ohne Ballast frei durchs Leben. Durch Ihr Charisma werden die Menschen in Ihrer Umgebung von sich aus die Entscheidungen treffen, die Ihnen helfen, Ihre Aufgabe zu erfüllen und dem Ganzen zu dienen.

Wichtig ist auch, dass ich mich in Zeiten der Krise nicht eng oder gar zu mache, sondern über mich hinauswachse, mich entfalte und mich bewusst der Aufgabe stelle. Es mag unangenehm sein, aber es ist ein Geschenk des Lebens an mich, das ich offen entge gennehmen sollte. Der Sinn einer jeden Aufgabe ist es, mein Bewusstsein zu erweitern und zu erhöhen, nicht irgendwie damit fertig zu werden. Denn nie will mir das Leben etwas Böses oder mir schaden, sondern alles will mich reicher machen, in die Fülle des Seins führen. Dazu gehört auch das Hören auf meine Intuition. Was sich ausdrückt in Lebensfreude, in Kraft, in Fülle, in Erfüllung und Unbesiegbarkeit. In ICH BIN!

Wie die Natur in jeder Hinsicht verschwenderisch ist, so haben auch Sie ein natürliches Recht auf Reichtum. Dazu brauchen Sie nur Ihre natürlichen Geisteskräfte zu aktivieren. Die Physik lehrt uns: Nichts kommt von nichts. Sie aber können aus dem Nichts einen Gedanken erschaffen, der vorher nicht da war und der nicht eher ruht, bis er sich materialisiert hat. Der Gedanke ist eine unsichtbare und unfühlbare aber hochwirksame Kraft, die aus dem unbegrenzten Bereich der Möglichkeiten in Erscheinung treten lässt, was immer Sie denken und glauben können.

Die Kraft, die Sie arm hält, ist die gleiche, die Sie reich machen kann. Dieser latente Reichtum ist Ihr geistiges Erbe und wartet darauf, dass Sie ihn in Erscheinung treten lassen. Sie wurden geboren, um in der Fülle zu leben, so wie es Ihrer Natur entspricht. Sie brauchen nur die Gesetzmäßigkeiten des Erfolgs zu kennen und Schritt für Schritt anzuwenden, und Erfolg und Reichtum werden unvermeidbar.

Dazu gehört auch, dass Sie nie mehr arbeiten, denn solange Sie noch arbeiten, können Sie nicht erfolgreich sein. Arbeiten heißt in der Regel, etwas für Geld zu tun. Eine unverzichtbare Voraussetzung für den Erfolg ist aber, nur noch das zu tun, was Freude macht. Denn was man gern tut, das tut man auch gut, und was man gut macht, das wird auch vom Leben gut bezahlt. Übrigens, nur in der deutschen Sprache verdient man sein Geld. Die Ungarn suchen es, die Engländer ernten es, und die Franzosen gewinnen es.

Wir sind geboren, um das Spiel des Lebens zu genießen, aber genießen Sie wirklich das Leben? Glauben Sie wirklich, dass Sie erfolgreich werden können, indem Sie sich zwingen, etwas zu tun, das Ihnen keine Freude macht? Vergessen Sie es, es geht nicht. Alle erfolgreichen Menschen hatten eines gemeinsam: Sie hatten Freude an dem, was sie taten. Wahrer Erfolg und Freude sind nicht voneinander zu trennen. Tun Sie ab heute nur noch das, was Sie erfüllt, das ist das ganze Geheimnis eines erfüllten Lebens. Betrachten Sie das Leben von der heiteren Seite, und wenn Ihnen wirklich einmal eine Seite Ihres Daseins nicht gefällt, blättern Sie einfach um. Das wahre Leben wartet auf Sie.

Bewusstes geschehen lassen

Diesen Weg geht jeder, aber kaum jemand erkennt ihn, da er die Grenzen des Verstandes überschreitet und daher von ihm nicht wahrgenommen werden kann. Gemeint ist die Verlagerung der Aufmerksamkeit. Wie verlagert man seine Aufmerksamkeit?

Einfach, indem man es OHNE darüber nachzudenken tut. Stellen Sie sich einfach vor, Sie könnten es, und dann tun Sie es.

Als Brücke kann Ihnen die Imagination dienen. Stellen Sie sich vor, Sie verlagern Ihre Aufmerksamkeit auf die Ebene des reinen Seins. Natürlich ist das nicht vorstellbar, aber es ist möglich, und so führt diese nicht vorstellbare Vorstellung gerade dadurch zur Verlagerung der Imagination.

Sie tun einfach so, als seien Sie Sie selbst, und verhalten sich entsprechend. Das funktioniert deshalb, weil Sie ja Sie selbst sind, und so führt das »Tun-als-ob« direkt zum Sein. Die Aufmerksamkeit verlagert sich auf das Sein. Sie sind im Sein, das heißt, Sie sind jetzt bewusst im Sein – unbewusst waren Sie es vorher auch schon.

Diese Übung führt gerade deswegen zum Erfolg, weil sie für den Verstand nicht nachvollziehbar ist. Durch ihre Unvorstellbarkeit überschreitet sie auch die Imagination. Sie überschreiten so das ICH zum Selbst.

Wenn ich im wahren Selbst-Bewusstsein bin, dann bin ich eine natürliche Führungspersönlichkeit, der man gern folgt. Jeder tritt gern zur Seite, wenn einer kommt, der wirklich weiß, was er will. Der Entscheidungen nicht fällt, sondern trifft. Einer, der aus seiner Mitte heraus denkt, redet und handelt.

Wer so aus seiner Mitte heraus lebt, steht automatisch im Mittelpunkt eines Teams, einer Gesprächsrunde. Selbst wenn alle am runden Tisch sitzen, ist sein Sitzplatz der Platz vorn. Mit einem Wort, er ist eine Persönlichkeit mit Charisma.

Wenn Sie Ihr Denkinstrument beherrschen, können Sie erfolgshemmende Verhaltensmuster erkennen und auflösen.

Sie können Erfolg verursachende Gedanken schaffen.

Bleiben Sie im höchsten Bewusstsein

Einer, der erleuchtet worden ist, aber diesen Zustand nicht halten konnte, fragte einen Meister, wie man ständig im höchsten Bewusstsein bleiben könne. Der Meister sagte: »Ich kenne jemanden, der ständig im höchsten Bewusstsein ist. Er ist König in einem fernen Land. Gehe hin und frage ihn, ob er dir sein Geheimnis verrät!«

Der Mann machte sich auf den Weg, und als er nach langer, mühevoller Reise angekommen war, fragte er den König, ob er ihm das Geheimnis verraten würde, wie man ständig im höchsten Bewusstsein bleibt. Der König sagte: »Das will ich dir gerne verraten, doch zuvor musst du eine Prüfung bestehen. Ich muss sicher sein, dass du dessen auch würdig bist. Du musst eine Schüssel randvoll mit Wasser auf deinem Kopf einmal um den Palast tragen. Hinter dir geht mein Scharfrichter mit gezogenem Schwert. Verschüttest du auch nur einen Tropfen, schlägt er dir den Kopf ab. Du kannst die Prüfung ablehnen.« Der Mann antwortete: »Und wenn es mein Leben kostet, es ist den Preis wert.«

Er ging vor den Palast, bekam die Schüssel randvoll mit Wasser, setzte sie auf den Kopf und ging in höchster Konzentration Schritt für Schritt um den Palast. Hinter sich hörte er den Schritt des Scharfrichters und wusste, dass beim geringsten Fehler sein Leben vorbei war. In höchster Konzentration bewältigte er die Aufgabe, ging zum König und fragte ihn, ob er ihm nun sein Geheimnis verraten wolle. Der König sagte: »Ich will dir gern mein Geheimnis verraten, aber du kennst es bereits. Ich mache es genau wie du eben, nur ständig!«

Wasser tragen ist Frauenarbeit und gilt für einen Mann als niederste Tätigkeit. Hier kam es also darauf an, keine Erniedrigung zu kennen und alles im höchsten Bewusstsein zu tun, indem man sich auf sein Scheitelchakra konzentriert und handelt, als würde einen der kleinste Fehler das Leben kosten.

Das ist das ganze Geheimnis!

Über den optimalen Gebrauch des Denkinstruments

Entdecken und nutzen Sie Ihre geheimen Kräfte und Fähigkeiten

Wenn wir in ein Leben eintreten, liegt die faszinierende Aufgabe vor uns, dieses Leben zu meistern und zu erkennen, dass das Leben ein Spiel ist und wir wählen können, ob wir als Spielfigur teilnehmen oder als bewusster Spieler.

Zu allen Maschinen und Instrumenten werden Bedienungsanleitungen mitgeliefert, die vor Inbetriebnahme gründlich studiert werden sollten. Nur für das komplexeste Instrument, das wir kennen, das menschliche Gehirn, gibt es keine solche Bedienungsanleitung, und so denken die meisten, dass sie mit dem zufrieden sein müssen, was sie erreicht haben, ganz gleich, wie zufrieden stellend das sein mag. Wir sind jedoch aufgerufen, unsere Fähigkeiten nicht nur zu nutzen, sondern auch weiterzuentwickeln. Nur so kann jeder wahren »Wohlstand« erreichen.

Es gibt zwar keinen Menschen, der nicht denkt, aber

kaum jemand macht sich Gedanken über seine Gedanken. Wir denken drauflos, als ob Gedanken wirklich
frei wären, dabei hat jeder Gedanke eine sofortige Wirkung auf mein Leben und bestimmt letztlich mein
Schicksal. Gedanken sind zwar stumm und unsichtbar,
aber keineswegs wirkungslos!

Sie besitzen etwas, was die übrige Natur nicht besitzt: die Fähigkeit zu denken, zu imaginieren und zu
glauben. Mit diesen unbegrenzten Möglichkeiten Ihres
Denkinstruments bestimmen Sie Ihr Schicksal. Auch
wenn es sich phantastisch anhört, ist es die Wirklichkeit. Und es ist völlig gefahrlos, davon Gebrauch zu
machen, denn alles, was Sie denken und glauben, können Sie auch erreichen.

In der Wüste war seit Jahrmillionen ein Schatz verborgen, das Erdöl, aber die Menschen der Wüste waren arm. Erst als sie diesen Schatz »ent-deckt« und
»gefördert« hatten, wurde der verborgene Reichtum
sichtbar. So wartet auch Ihr innerer Reichtum auf
»Förderung«.

Die meisten Menschen glauben nur, dass sie ihr Leben selbst bestimmen. In Wirklichkeit wird ihr Leben
bestimmt, von ihren selbst gewählten oder anerzoge-
nen Verhaltensmustern, von ihren Vorstellungen und
Wünschen und Sehnsüchten, von der Meinung anderer, ihren Erwartungen und der Rolle, die sie spielen.
Lassen Sie nicht länger zu, dass Sie gelebt werden, son-

dern fangen Sie an, selbst zu leben! Machen Sie sich frei von allem, was nicht wirklich zu Ihnen gehört. Sorgen Sie dafür, dass Sie am Ende Ihres Lebens sagen können: Ich habe wirklich gelebt. Viele sterben, ohne je wirklich gelebt zu haben.

Am Anfang
war der Gedanke

Am Anfang war die Tat, lässt Goethe seinen Dr. Faust sagen, für Schopenhauer gilt: Am Anfang war der Wille, Gandhi schrieb: Am Anfang war die Kraft, und in der Bibel steht: Am Anfang war das Wort. Bevor aber ein Wort sein kann, muss es einen Gedanken geben. So können wir mit Recht sagen: Am Anfang war der Gedanke.

Es gibt keine gedankenlose Wirklichkeit. Gedanken sind der Stoff, aus dem Wirklichkeit gemacht ist. Alles ist gedacht worden, bevor es geschaffen werden konnte. Gegenstände, Tatsachen sind »gedachte Tatsachen«, verwirklichte Gedankenbilder. Sie alle kennen den Spruch: Der Mensch denkt, Gott lenkt. Wir brauchen das nur anders zu betonen, dann heißt es: Der Mensch, denkt Gott, lenkt!

Poetisch drückt es der Dichter Gottfried Keller aus:

Wer heute einen Gedanken sät, erntet morgen die Tat, übermorgen die Gewohnheit, danach den Charakter und endlich sein Schicksal. Darum muss er bedenken, was er heute sät, und muss wissen, dass ihm sein Schicksal nur einmal in die Hand gegeben ist: HEUTE.

Jeder bekommt vom Schicksal nur das, was er verursacht, nicht mehr, nicht weniger und nichts anderes. Wir alle sind Schöpfer, Träger und Überwinder unseres Schicksals in einer Person. Schicksal ist also immer ein Maßanzug. Es gibt weder unverdientes Glück noch unverdientes Leid, sondern nur Ursache und Wirkung. Der einzige Mensch, der mich glücklich machen kann, bin ich selbst. Ich bin allerdings auch der Einzige, der mich unglücklich machen kann. Jeder bestimmt durch die Öffnung und Erweiterung seines BEWUSSTSEINS selbst die Stufe, auf der er lebt, seinen Wert und sein Schicksal und genießt so viel Achtung, wie er sich selbst erweist.

Das Leid ist zu Ende, sobald wir uns daran erinnern, wer wir wirklich sind, und leben als der, der wir sind. Sobald wir loslassen, was nicht zu uns gehört, vor allem unsere negativen Gedanken-Gänge. Es sind wirklich Gänge, denen wir meist unbewusst folgen. Die Summe dieser Gedanken-Gänge nennen wir dann stolz unsere Persönlichkeit.

Sie haben in jedem Augenblick Ihres Lebens die Wahl, und in welcher Situation, vor welcher Aufgabe Sie auch stehen, es gibt immer einen Weg. Vor Ihnen liegt ein neuer Lebensweg, ein entscheidender Teil Ihres Lebens. Sind Sie bereit, ich meine wirklich bereit, diesen Weg zu gehen? Sind Sie stark genug, standhaft und beharrlich genug? Es ist ein guter Weg, aber es ist nicht leicht, ihn zu gehen. Er entsteht erst, indem Sie ihn gehen, und er führt Sie direkt zu sich selbst. Nehmen Sie also nicht an, Sie seien Sie selbst, sondern seien Sie Sie selbst. Nehmen Sie es dankbar als Geschenk an, nehmen Sie es wirklich an, und leben Sie entsprechend.

Es ist für mich immer wieder überraschend, mit wie vielen interessanten Dingen sich die Menschen beschäftigen und wie wenig mit dem Interessantesten: MIT SICH SELBST. Wie wenig sie wissen von den unbegrenzten Möglichkeiten des menschlichen Geistes und dem Wesen, das sie sind. Hier wartet die größte Entdeckung auf sie, die man in einem Leben machen kann, nämlich, sich selbst zu entdecken.

Menschen lassen sich in drei Klassen einteilen:

o diejenigen, die beweglich sind,
o diejenigen, die unbeweglich sind,
o und diejenigen, die sich bewegen!

Sobald einer in einer Sache Meister geworden ist, sollte er in einer anderen Schüler werden. Denn wer glaubt, etwas zu sein, hat gerade aufgehört, etwas zu werden. Finden Sie Ihren individuellen Weg, zu Bewusstsein zu kommen. Wer sich auf seinen Lorbeeren ausruht, trägt sie an der verkehrten Stelle. Das Leben besteht aus lauter ersten Schritten, und Lebenskunst beginnt und endet mit dem Loslassen.

Beherrschen Sie Ihr Denkinstrument

Es beginnt damit, dass Sie Ihre Gedanken beobachten, einfach nur wahrnehmen, welche Gedanken gerade in Ihnen sind – sie kommen und gehen lassen.

Dann greifen Sie bewusst einen Gedanken heraus und halten ihn fest, schauen ihn genauer an. Wo kommt er her? Warum denke ich ihn? Was will er mir sagen? Was verursacht er?

Gehen Sie mit diesem Gedanken um. Ändern Sie ihn, bis er Ihnen wirklich gefällt, bis er Ihrem inneren Wertmaßstab entspricht. Dann lassen Sie ihn frei. Was verursacht er jetzt? Machen Sie sich bewusst, dass Gedanken frei sind von Raum und Zeit. Sie können sich in diesem Augenblick nach New York denken und einen Augenblick später in Hawaii am Strand liegen. Sie können in der Zeit zurückgehen und sich noch einmal als Kind sehen, Ihren früheren Wohnort, Ihre alten Freunde. Sie können aber auch ganz bewusst dort sein, wo Sie gerade sind. Ganz im Hier und Jetzt. Dann machen Sie sich bewusst, dass Sie nicht der Gedanke, sondern der Denker sind. Sie sind Bewusstsein. Sie sind der

165

bewusste Denker, Sie sind der, der entscheidet, was gedacht wird. Sie können nicht nicht denken, aber Sie haben in jedem Augenblick die Wahl zu entscheiden, was Sie denken. Jeder Gedanke hat eine sofortige Wirkung, bewirkt das, was er beinhaltet, und zwar sofort, auch wenn es einige Zeit dauern kann, bis es in Erscheinung tritt.

Steigern Sie Ihren IQ

Spüren Sie Ihr Bewusstsein in Ihrem Körper. Machen Sie sich bewusst, dass es Ihren ganzen Körper ausfüllt, wie ein Geist in der Flasche. ÖFFNEN Sie nun durch Imagination die höchste Stelle Ihres Körpers – Ihr Kronenchakra –, und wachsen Sie über sich hinaus. Lassen Sie den Geist aus der Flasche, und kommen Sie zu Bewusstsein. Vergewissern Sie sich, dass Ihr Wahrnehmungszentrum nun über Ihrem Kopf liegt. Erleben Sie die absolute Gedankenstille, denn dort kommt kein Gedanke hin, da ist nur reines Bewusstsein. Jetzt sind Sie bei sich selbst angekommen. Wenn Sie dem Körper gestatten, vollkommen bewegungslos zu sein, haben Sie das Gefühl, keinen Körper mehr zu haben, Sie sind frei. Reines, unendliches Bewusstsein. Vergewissern Sie sich, dass Sie sind. Erkennen Sie, dass Sie einen Körper, einen Verstand, eine Persönlichkeit haben, dass Sie bei Bewusstsein sind. Sie sind der, der Sie wirklich sind.

So über sich hinausgewachsen, sind Sie eingetaucht in das Sie umgebende kosmische Energiefeld. Schließen Sie sich bewusst an das kosmische Energiefeld an, und bleiben Sie von nun an ständig angeschlossen. Laufen Sie nie mehr auf Batterie. Damit sind Sie zurückgekehrt in die Kraft und sind ständig voller Kraft. Je mehr Kraft von nun an verbraucht wird, desto mehr frische Kraft strömt in Sie ein. Fühlen Sie, wie diese kosmische Energie Ihren ganzen Körper erfüllt, wie sich jede Zelle Ihres Körpers dieser Kraft öffnet. Sie sind nun voller Kraft.

So über sich hinausgewachsen, sind Sie eingetaucht in das allumfassende Informationsfeld des Allbewusstseins. ÖFFNEN Sie sich bewusst der Wahrnehmung der Intuition. Machen Sie sich bewusst, dass Ihre Leitung frei ist und Sie Intuition ständig unmittelbar empfangen. Sie brauchen nur noch zu lernen, Ihre Wahrnehmung auch wahrzunehmen. Sie erleben die Wahrnehmung der Wirklichkeit hinter dem Schein, Sie können energetisch wahrnehmen und bleiben auf Empfang.

Erschaffen Sie
Ihre Wirklichkeit

Manchmal tun Menschen das Richtige erst dann, wenn sie durch alle anderen Möglichkeiten nicht zum erwünschten Erfolg gekommen sind.

Ob wir einen Unfall haben oder den Nobelpreis bekommen, ob wir Opfer einer unvorhergesehenen Naturkatastrophe werden oder sechs Richtige im Lotto haben, was immer uns widerfährt ist selbst geschaffen. Wir tun das bewusst oder unbewusst, indem wir uns dafür resonanzfähig machen. Es ist nur eine Frage der Zeit, wann sich die von uns »erdachte« Wirklichkeit in unserem Leben manifestiert. Keine Epidemie, kein Verkehrsunglück kann uns treffen, wenn wir keine Affinität dafür haben.

Daraus kann umgekehrt geschlossen werden, wenn eine solche Affinität fehlt, ist die Notwendigkeit eines solchen Ereignisses nicht oder nicht mehr gegeben. Dann werden wir selbst durch dramatische kriegerische Ereignisse hindurchgehen, ohne davon berührt zu werden.

Re-agieren oder agieren! Wir aber glauben meist,

dass ein Ereignis eher zufällig an uns herantritt, und gestatten uns erst dann einzugreifen. Die Ereignisse werden von uns selbst getrennt, obwohl sie von uns nicht zu trennen sind. Ein Unglück oder Ereignis geschieht völlig unpersönlich. Aber ob ich davon erreicht und betroffen werde, entscheide ich selbst. Wenn ich erst ändernd eingreife, nachdem es geschehen ist, ist es zu spät, und doch tun die meisten Menschen genau das.

Das beginnt mit dem Kampf gegen sein Schicksal und endet mit der fatalistischen Hinnahme des Zufalls. Wer nur die äußere Wirklichkeit beachtet, kann nur auf die Ereignisse reagieren. Wer aber in der inneren Wirklichkeit lebt, kann sie nicht nur abwenden, sondern frei gestalten. Die Geschichte der Menschheit ist ein multidimensionales Abenteuer, in dem jeder Einzelne eine wesentliche Rolle spielt, für die er selbst das Drehbuch schreibt.

Pessimismus ist ein Luxus, den wir uns nicht länger leisten können.

Was ist Mental-Training?

Das Mental-Training ist ein universelles geistiges Werkzeug, die uralte Technik, das höchste schöpferische Potenzial des Menschen auf die Verwirklichung einer Sache zu richten. Das bedeutet das Bewegen der höchsten Kraft des Universums und damit das bewusste Antreten unseres geistigen Erbes.

Mental-Training ist uraltes Geheimwissen, ein Universalschlüssel zu Ihrem geistigen inneren Potenzial. Es hilft Ihnen, Ihre Probleme zu lösen, Ihre Wünsche zu erfüllen und Ihre Ziele sicher zu erreichen, und das alles in einem Bruchteil der bisher benötigten Zeit.

Das Mental-Training hilft uns, die drei Kräfte des Menschen harmonisch zu nutzen:

1. Das Bewusstsein und damit die Kraft der Gedanken
2. Das Unterbewusstsein und damit die unbewussten Energien des Menschen
3. Das Überbewusstsein und damit die Kraft der Intuition als universeller Ratgeber aus dem Allbewusstsein

Diese Kräfte stehen jedem Menschen zur Verfügung, und es liegt in Ihrer Hand, sie in Besitz zu nehmen und sinnvoll einzusetzen. Dabei ist es völlig gefahrlos, ausgenommen die Tatsache, dass das, was Sie verursachen, auch eintritt. Prüfen Sie daher vorher gründlich, ob Sie das, was Sie sich wünschen, auch wirklich haben wollen.

Der Mensch hat gelernt, alles zu beherrschen, Elektrizität, Maschinen, Computer, das Größte wie das Kleinste, nur das Nächste nicht – SICH SELBST! Mit dem menschlichen Geist ist es wie mit einem Fallschirm, er nützt nur etwas, wenn er sich entfaltet!

Die Sichtbarmachung
der Gedanken

Der Körper antwortet über spezielle Indikator-Muskeln spontan auf alle Wahrnehmungen. Dabei ist es völlig gleichgültig, ob wir tatsächlich wahrnehmen oder uns diese Wahrnehmung nur vorstellen. Über diese Indikator-Muskeln können wir den schädlichen oder gesundheitsfördernden Einfluss aller möglichen Faktoren sofort zuverlässig feststellen, ganz gleich, ob es sich hierbei um Nahrungsmittel, Kleidung, Farben, Personen, Musik oder Vorstellungen und Gedanken handelt. Der Körper zeigt außerdem an, wenn die Belastung behoben ist.

Vielleicht glauben Sie, dass Ihre Muskeln immer gleich stark oder gleich schwach sind. Die Muskelstärke verändert sich jedoch sofort spürbar, je nachdem, welcher Gedanke gerade Ihr Bewusstsein erfüllt. Sobald Sie sich gedanklich mit Dingen beschäftigen, die für Sie störend oder schädlich sind, werden bestimmte Muskelgruppen, die für diesen Bereich zuständig sind, spürbar schwächer. Dieser Effekt lässt sich mit einem kleinen Experiment sofort überprüfen.

Vor jedem Test vergewissern wir uns, dass der Muskel stark ist. Dann stellen wir uns eine unschöne Situation in allen Einzelheiten vor, sehen und erleben sie noch einmal in allen Einzelheiten. Einige Sekunden genügen vollkommen. Wenn wir nun den Test wiederholen, wird der eben noch starke Muskel schwach geworden sein, allein durch diese Vorstellung.

Nun stärken wir den Muskel erneut, indem wir die neurovaskulären Punkte halten (Stirnbeinhöcker). Hierdurch wird der mentale Stress abgebaut. Wir vergewissern uns, dass der Muskel wieder stark ist, und sind bereit für einen weiteren mentalen Test.

Was immer ein Schöpfer in seiner Glaubensgewissheit denkt, muss in Erscheinung treten. Der Glaube aktiviert die schöpferische Kraft in uns und zwingt die Energie, die gewünschte Form anzunehmen. Dieser Augenblick ist der einzige Moment in der gesamten Ewigkeit, der wirklich wichtig ist, denn nur in diesem Augenblick lebe ich, und nur in diesem Augenblick bestimme ich mein Schicksal und kann mein Leben gestalten.

Wir alle setzen in jeder Minute unseres Lebens Ursachen, die sich als Glück oder Leid, als Krankheit oder Wohlbefinden, mit einem Wort, als Schicksal manifestieren. Meist tun wir das unbewusst. Da jedoch die Qualität unserer Gedanken die Art unseres Schicksals entscheidet, müssen wir lernen, unsere Gedanken zu kontrollieren – bewusst zu sein. Wir müssen lernen, Ärger, Hass, Neid, Schuldgefühle, kurz, alles Negative in unseren Gedanken und Gefühlen zu erkennen und aufzulösen und durch Positives zu ersetzen. So wird nur noch erwünschtes Schicksal erzeugt.

Mit dem Mental-Training möchte ich Ihnen zeigen, wie man wirksam Ursachen setzt und sein Leben nach seinen Wünschen gestaltet. Wie man seine Probleme erkennt und auflöst und seine Wünsche erfüllt, wie man Krankheit auflöst und seine Gesundheit stabilisiert, und wie man Glück und Wohlstand verursacht.

In diesem Sinne bedeutet Wohlstand viel mehr als nur genügend Geld, um sich alle Wünsche erfüllen zu können. Die wichtigen Dinge im Leben kann man ohnehin nicht kaufen. Wohlstand bedeutet, dass alles in unserem Leben wohl steht, dass wir den richtigen Partner und die richtigen Freunde haben, dass uns unser Beruf Freude macht, auch dass wir am rechten Ort wohnen, dass wir uns über das Erreichte freuen können, aber auch ständig bemüht bleiben, unseren Dank für unser Wohlbefinden zu zeigen, indem wir den anderen nach Kräften helfen und dem Ganzen dienen.

Das Gesetz von Ursache und Wirkung

Alles Geschehen auf dieser Welt gehorcht dem Prinzip von Ursache und Wirkung. Alle sichtbare Schöpfung ist, wie der Name schon sagt, eine Wirkung, hinter der immer ein Schöpfer steht, dessen Wille sich auswirkt. Wo eine Schöpfung ist, muss auch ein Schöpfer sein, denn das Gesetz lautet: Nichts kommt von nichts!

Immer gibt es einen Zusammenhang zwischen dem, was war, und dem, was folgt. Alles Geschehen gehorcht dem Gesetz von Ursache und Wirkung. Das, was wir Zufall nennen, ist nur ein Ausdruck für eine verborgene, unbekannte Ursache, aber niemals geschieht etwas ohne Ursache. Natürlich können wir tun und lassen, was wir wollen, denn auch für unseren Willen gibt es eine Ursache, zusammengesetzt aus Umwelteinflüssen, Meinungen, Erfahrungen und Umständen, die wiederum eine Ursache haben. Wir aber haben in jedem Augenblick des Lebens die Möglichkeit, in diese Kette von Ursache und Wirkung einzugreifen, eine Wirkung zu verändern oder auch eine Ursache zu setzen. Doch es gibt nichts außerhalb des Gesetzes, und nichts geschieht im Gegensatz zu ihm.

Das Gesetz selbst hat keinen Einfluss auf das, was es hervorbringen möchte. Es sagt nur: Wenn ein Schöpfer dies tut, geschieht dies, tut er jenes, geschieht jenes. Das Gesetz ist der treue Diener des Schöpfers, und jede Wirkung entspricht in Qualität und Quantität immer genau der Ursache.

So gibt es auch keinen Zufall, denn er gehorcht dem Gesetz von Ursache und Wirkung. Zufall ist das, was mir auf Grund meines So-Seins zu-fällt. Zufall und Glück sind nur Bezeichnungen für einen nicht erkannten Zusammenhang.

Das Geheimnis
des Reichtums

Ihre »Inneren Bilder« bestimmen Ihr Leben, aber Sie bestimmen Ihre »Inneren Bilder«. Reich kann man nur innen sein. Außen spiegelt sich nur die innere Wirklichkeit wider.

Also prüfe ich sorgfältig:

o Welches Selbstwertgefühl habe ich?
o Habe ich ein positives Selbstbild? – Selbst-bewusst-Sein?
o Wie ist meine innere Einstellung zu: Geld, Reichtum, Glück, Gesundheit, Beruf, Leben, Schicksal, Gott, meiner Aufgabe?
o Welche Ursachen setze ich dadurch bewusst oder unbewusst?

Das Gesetz des Schicksals verwirklicht Ihre Gedankenbilder. Denken Sie begrenzend und unglücklich, werden diese Gedanken Sie mit absoluter Sicherheit in begrenzende und unglückliche Verhältnisse bringen.

Mit dem Gefäß Ihres BEWUSSTSEINS bestimmen Sie, wie viel Sie vom Leben, aus dem Ozean der Fülle, nehmen können. Erweitern Sie Ihr Bewusstsein, und Sie erweitern Ihre Möglichkeiten. Die Schöpfung will Sie nicht begrenzen – sie gibt grenzenlos.

Leben ist wie Wasser, es füllt die Form aus, die wir ihm geben.

Viele Reiche sind ganz einfache, unwissende Menschen, denn zum Reichwerden braucht es keine Klugheit, es braucht nur einen tief in der Seele verwurzelten Glauben, reich zu sein, dann manifestiert sich dieser Reichtum auch im Außen.

Trachten Sie immer nur nach den himmlischen Schätzen, dann wird Ihnen alles andere von selbst zufallen.

Bei ALLEM, was Ihnen im Leben widerfährt, prüft das Leben nur, ob Sie im richtigen gerichteten Bewusstsein sind, ob Sie das richtige Innere Bild halten. Halten Sie das Innere Bild der Fülle, und Sie leben in der Fülle. Wissen stellt Tatsachen fest, Glaube schafft Tatsachen.

Glauben ist verursachen. Viele gute, fähige und fleißige Menschen rackern sich ein Leben lang ab und sterben arm. Jeder denkt sich sein eigenes Leben aus, bewusst oder unbewusst, und so lebt er es auch. Das Leben akzeptiert JEDES Bild eines Schöpfers und sagt immer nur JA, JA!! Das Leben gibt Ihnen, was immer Sie sich vorstellen und als Inneres Bild, als Innere Wirklichkeit festhalten. Ihre Innere Wirklichkeit wirkt und schafft die entsprechenden Lebensumstände.

Allmacht ist kein Geheimnis, sondern unser geistiges Erbe. Kostolany sagt: Wer einen Tag jeden Monat wirklich nachdenkt, das heißt mental arbeitet, der verdient an diesem Tag mehr als mit den 29 Tagen Arbeit. Ich verdanke mein Vermögen der Tatsache, dass ich 29 Tage im Monat nachdenke und einen Tag arbeite.

Auch Sie sind ein Schöpfer und immer erfolgreich, Sie sind der Architekt Ihres Lebens, und Ihre inneren Bilder sind die Baupläne!

Höchstes Bewusstsein

Erstens sollte ich mir bewusst machen, wer ich wirklich bin, nämlich Geist, reines Bewusstsein. Jede andere Identifikation ist Illusion. Zweitens ist zu erkennen, dass ich nur in der Gegenwart leben kann. Nicht vorher und nicht nachher, sondern nur jetzt! Ich bin als vollkommener Ausdruck und ungetrennter Teil des einen Geistes gegenwärtig. Gegenwärtig heißt präsent, wirklich da, hier und jetzt. Vollkommen da und vollkommen. Ich bin es durch Identifikation. Hilfreich kann Meditation, Fasten usw. sein. Über den Armtest mich herantasten. Erkennen, glauben, vollziehen.

Alles ist Energie, und es gibt nur diese eine Energie, die durch Schwingungsveränderungen unterschiedliche Formen annimmt. Auch ich bin diese Energie. Also bin ich das Eine. Alles andere ist Illusion. Ich bin der Geist. Ich spüre, erlebe mich als der Geist. Mein Körper ist in dem Geist. Ich erlebe die Individualität des einen Geistes als Ich. Erlebe die individuelle Art, dieser eine Geist zu sein. Ich mache mir diesen einen Geist bewusst und beschreibe ihn. Um ihn zu beschreiben, muss ich ihn wahrnehmen. So komme ich automatisch ins Jetzt und in die Wahrnehmung. Ich lasse den Beobachter los und erkenne, ich bin das Beobachtete. Ich löse auf, was ich glaube zu sein, und bin wirklich, was ich bin. Jetzt lebe ich in der Geistes-Gegenwart. Erlebe, was ich denke, fühle, rede und tue. Erlebe absolute Freiheit, falsch und richtig verschwindet. Ich bin der eine, gegenwärtige Geist. Ich bin angekommen und kann nicht mehr aus der Wirklichkeit herausfallen. Ich bin es, was es immer ist, werde es immer sein. Ich versuche nicht mehr, es zu werden oder nicht mehr zu sein, sondern löse die Illusion auf, es nicht zu sein.

Märchen III:
Dornröschen

König und Königin, also Geist und Seele wünschen sich ein Kind, sie wollen sich in einem Wesen vereinigen, aber sie müssen lange darauf warten. Der Königin, der Seele, kündigt sich die Ankunft als Erste an. Sie sitzt im Bade, befindet sich also ganz in ihrem Element, dem Wasser, das von jeher das Gefühl symbolisiert. Sie sitzt dort, um sich zu reinigen, sich Klarheit zu verschaffen, und ein Instinkt, der Frosch, verkündet die Geburt der Tochter. Dieses Mädchen, diese neue Seele, ist der Ausdruck der Vereinigung von Geist und Seele. Ver-ein-Ich-ung.

Nachdem das Kind zur Welt gekommen ist, gibt der König ein großes Fest. Dreizehn weise Frauen leben in seinem Reich, doch er hat nur zwölf goldene Teller, und so kann er nur zwölf von ihnen einladen. Die zwölf weisen Frauen sind das Bild der seelisch (Frau) erlebten Zwölfheit der kosmischen Kräfte, wie sie auch in den zwölf Tierkreiszeichen und den zwölf Monaten des Jahres zum Ausdruck kommen. Für diese haben Geist und Seele auch goldene Teller. Geist und Seele nähren sich von den Kräften der Ganzheit, von goldenen Tellern, so golden wie die Königskrone, die Geisteshelle, nehmen sie ihre Nahrung. Die dreizehnte Kraft hat bisher weder im Geist noch in der Seele einen Raum, also keinen Platz am Tisch. Für sie, die als zusätzliche Kraft die Persönlichkeit, das Ego im Menschen weckt, ist bisher kein Platz. Eine neue Seele muss entstehen, um diese dreizehnte Kraft mit einzubeziehen.

Als das Fest zu Ende ist, beschenken die weisen Frauen das Kind, doch als elf ihre Geschenke gesagt haben (durch das Wort wirksam werden ließen), tritt plötzlich die dreizehnte hervor. Bevor die Gesamtheit der kosmischen Kräfte ihr Wirken vollenden kann, tritt das EGO ein. Es ist zornig, eine Eigenschaft, die nur dem Menschlichen möglich ist, und wünscht der Königstochter, der neuen Seele, den Tod. Ihr kosmisches Bewusstsein möge für immer erlöschen und nur noch vom EGO, dem Ich-Bewusstsein beherrscht werden, was einem Tod gleichkommt. Da aber noch nicht alle Kräfte ihr Wirken vollendet haben, kann die zwölfte Fee, die letzte kosmische Kraft, den Tod in Schlaf, vom Verlust des BEWUSSTSEINS in ein vorübergehendes Unbewusstsein verwandeln.

An ihrem fünfzehnten Geburtstag soll sich die Königstochter an einer Spindel stechen und in hundertjährigen Schlaf fallen. Am fünfzehnten Geburtstag, ein

Zeitpunkt also, an dem das Kind zum ichbewussten Menschen erwacht, sich der Sinnenwelt und dem Körper zuwendet, schläft das kosmische Bewusstsein ein, durch einen Stich an der Spindel.

Die Spindel ist das Handwerkszeug, auf dem der Gedankenfaden abgespult wird. Ihr Bewusstsein wird durch ichhaftes Denken getrübt – es schläft ein.

Das Königspaar erschrickt, und der König lässt alle Spindeln im Land vernichten, damit seinem Kind nichts geschehe. Der Geist handelt und versucht, das ichhafte Denken zu verhindern. Doch als das Mädchen fünfzehn Jahre alt wird, sind die Eltern vorübergehend nicht zu Hause. Der Einfluss von Geist und Seele ist in dieser Zeit nicht mehr wirksam, und das Mädchen beginnt, alle Stuben und Kammern des Schlosses zu besehen. Ganz auf eigene Faust erschließt es sich seine Behausung, seinen Körper.

Ganz zum Schluss gelangt die Prinzessin in ein kleines Stübchen im Turm, ein gelber Schlüssel steckt in der kleinen Tür. Sie dreht ihn herum und tritt ein. Zuletzt gelangt sie also nach oben, zum Kopf, zum Verstand, der ihr bis dahin noch verschlossen war. Doch ein gelbes Schlüsselchen steckt darin, nicht Gold, also nur aus scheinbarem Weisheitsgold gefertigt. Der Schlüssel zum Verstand, nicht zur Vernunft, zur Kenntnis, nicht zur Erkenntnis. Sie dreht den Schlüssel um, also sie verdreht beim Aufschließen die Wirklichkeit.

Sie tritt ein in das kleine Stübchen, in dem eine alte Frau sitzt und spinnt. Es ist das Schicksal, das durch die Gedanken wirkt. Der Königstochter gefällt das Spinnen, und sie möchte es auch einmal versuchen. Sie öffnet sich also dem Verstand, der allerdings nur einen kleinen Raum einnimmt. Das Mädchen möchte das Spinnen der Gedanken, den Schicksalsfaden, selbst in die Hand nehmen, und da es noch nicht damit umgehen kann, sticht es sich, und sein Bewusstsein schwindet. Es schläft ein und der ganze Hofstaat mit ihm. Die Pferde, als Symbol des Urwissens, die Tauben als Symbol des inneren Friedens, das Feuer des Geistes, auch der Koch, der die geistige Nahrung zubereitet, der aus dem Animalischen, aus den Trieben etwas Essbares, etwas das sich einzuverleiben lohnt, herstellen soll, stellt seine Tätigkeit ein. Alle dienstbaren Geister schlafen ebenfalls ein, und um das Schloss wächst eine undurchdringliche Dornenhecke.

Das ichbezogene Denken hat begonnen. Die junge Seele zieht sich ganz in ihren Verstand zurück und kapselt sich vom Ganzen ab, die Dornenhecke wächst. Viele Königssöhne ziehen aus, um Dornröschen zu befreien. Der neue Geist ist auf der Suche nach der neuen Seele, denn nur in der Vereinigung von Geist und Seele lässt sich der Bewusstseinswandel, der Weg zum vollen Bewusstsein unter Überwindung des Egos, erreichen. Doch die hundert Jahre sind noch nicht um, die Zeit ist noch nicht reif, und die Königssöhne kommen in der Dornenhecke um. Selbst die Edelsten können nichts erreichen, bevor die Seele bereit ist.

Als die Zeit vollendet ist und wieder ein Königssohn versucht, die Hecke zu durchdringen, da weicht sie von selbst zurück, und Rosen blühen daraus hervor.

Die Rose, das Zeichen der Liebe, ist mit ihren Wurzeln fest in der Erde verankert, aber ihre Blüten streben zum Himmel. Die Dornen sind überwunden, das niedere Ich besiegt. Auch die Liebe zeigt sich nun wieder von ihrer schönsten Seite. Dornröschens Geistentfremdung ist beendet, der Geist wird eingelassen. Er erweckt Dornröschen durch einen Kuss. Durch Geist und Liebe wird die geläuterte Seele zum wahren Bewusstsein erweckt. Die Hochzeit, also die endgültige Vereinigung von Geist und Seele, schließt den Kreis. Die Königskinder werden zum Königspaar und beherrschen gemeinsam ihr neu gewonnenes Reich.

Der neue Mensch der Zukunft.
Der Ich Bin ist…

… echt, ehrlich, authentisch

… intuitiv, gefühlvoll, sensibel

… liebevoll, auch sich selbst gegenüber

… lebensfroh, sympathisch, spontan

… einfach, natürlich, aufmerksam

… bescheiden, geistesgegenwärtig, dankbar

… kreativ, phantasievoll, innovationsfähig

… selbstbewusst, humorvoll, optimistisch

… gesund, begeistert und begeisternd

… zielstrebig, mutig, ehrgeizig

… offen, lernfähig und lernbereit

… beharrlich, gerecht, ausdauernd

… verständnisvoll und charmant

… intelligent, fleißig, unternehmungslustig

… zärtlich, gütig, schön

… sportlich, tolerant, motivierend

… friedliebend, stimmig, glücklich

… bewusst, flexibel, human

… erfolgreich und umweltbewusst

… ein Künstler des Genusses

... bereit, sich auf das Leben einzulassen

... bereit, sich von der Freude führen zu lassen

... verantwortlich für Gesundheit und Schicksal

LESERSERVICE
Prof. Kurt Tepperwein persönlich erleben:

Wünschen Sie tiefer in das Thema dieses Buches einzusteigen und die Chance zu nutzen, Prof. Kurt Tepperwein einmal live zu erleben?

Wir bieten Ihnen folgende Seminare und Ausbildungen an:

Seminar: *(Gewünschtes bitte ankreuzen!)*
☐ Die mentale Hypnose
☐ Gesund und vital
☐ Perlen der Weisheit
☐ Erfolgreiche Praxisführung
☐ Erfolg-reich-sein
☐ Optimales Selbstmanagement
☐ Manifestieren durch das neue Mental-Training
☐ Der Tepperwein-Prozess
☐ Faszination Geld
☐ Ferienakademien

Ausbildungen:
☐ Dipl. Lebensberater
☐ Dipl. Bewusstseins-Trainer
☐ Dipl. Intuitions-Trainer
☐ Dipl. Rückführungsleiter

Heimstudienlehrgänge:
☐ Dipl. Lebensberater
☐ Dipl. Intuitions-Trainer
☐ Dipl. Erfolgs-Trainer
☐ Dipl. Mental-Trainer
☐ Dipl. Seminarleiter
☐ Dipl. Mental-Gesundheitsberater

Gesamtprogramme:
☐ Gesamtseminar- und Ausbildungsprogramm der IAW
☐ Neuheiten der Bücher, Audio- und Videoprogramme von Kurt Tepperwein

---

Dazu ein persönliches Geschenk:
☐ Die 20-seitige Broschüre »Praktisches Wissen kurz gefasst« von Prof. K. Tepperwein

---

Sie erhalten Ihre gewünschten Informationen selbstverständlich kostenlos und unverbindlich bei:

Schweiz: Internationale Akademie der Wissenschaften (IAW)
St. Markusgasse 11, FL-9490 Vaduz
Tel. 00423/2331212 Fax 00423/2331214

Deutschland:
IAW-Seminare: Tel. + Fax 0911/699247 (Beratungssekretariat)
IAW-Produkte: Tel. 08342/8989378 Fax 08342/2738

ARKANA
GOLDMANN

Kurt Tepperwein – Neue Wege zum Selbst

Kurt Tepperwein,
Kraftquelle Mentaltraining   12141

Kurt Tepperwein,
Geistheilung durch sich selbst 11738

Kurt Tepperwein,
Die geistigen Gesetze   12160

Kurt Tepperwein,
Der Weg zum Millionär   21551

Goldmann • Der Taschenbuch-Verlag

GOLDMANN

*Das Gesamtverzeichnis aller lieferbaren Titel erhalten Sie
im Buchhandel oder direkt beim Verlag.
Nähere Informationen über unser Programm erhalten Sie auch im Internet unter:*
www.goldmann-verlag.de

★

Taschenbuch-Bestseller zu Taschenbuchpreisen
– Monat für Monat interessante und fesselnde Titel –

★

Literatur deutschsprachiger und internationaler Autoren

★

Unterhaltung, Kriminalromane, Thriller
und Historische Romane

★

Aktuelle Sachbücher, Ratgeber, Handbücher und
Nachschlagewerke

★

Bücher zu Politik, Gesellschaft, Naturwissenschaft und Umwelt

★

Das Neueste aus den Bereichen
Esoterik, Persönliches Wachstum und Ganzheitliches Heilen

★

Klassiker mit Anmerkungen, Anthologien und Lesebücher

★

Kalender und Popbiographien

★

Die ganze Welt des Taschenbuchs

★

Goldmann Verlag • Neumarkter Str. 18 • 81673 München

Bitte senden Sie mir das neue kostenlose Gesamtverzeichnis

Name: _____

Straße: _____

PLZ / Ort: _____